ATLAS

DE

MONNAIES GAULOISES

PARIS

TYPOGRAPHIE DE E. PLON, NOURRIT ET Cie

RUE GARANCIÈRE, 8

ATLAS

DE

MONNAIES GAULOISES

PRÉPARÉ PAR LA

COMMISSION DE TOPOGRAPHIE DES GAULES

ET PUBLIÉ

SOUS LES AUSPICES DU MINISTÈRE DE L'INSTRUCTION PUBLIQUE

PAR

HENRI DE LA TOUR

SOUS-BIBLIOTHÉCAIRE AU DÉPARTEMENT DES MÉDAILLES ET ANTIQUES DE LA BIBLIOTHÈQUE NATIONALE

PARIS

LIBRAIRIE PLON

E. PLON, NOURRIT ET Cie, IMPRIMEURS-ÉDITEURS

RUE GARANCIÈRE, 10

1892

AVERTISSEMENT

Il nous semble nécessaire de donner quelques éclaircissements sur cet *Atlas de monnaies gauloises,* publié par ordre de M. le ministre de l'instruction publique.

Tout d'abord, il importe de ne pas considérer ce recueil comme l'atlas du *Catalogue des monnaies gauloises de la Bibliothèque nationale* paru en 1889.

En 1876, sous le ministère de M. Waddington, la Commission de topographie des Gaules décida de publier un Catalogue général des monnaies gauloises. Elle choisit, à cet effet, une sous-commission prise dans son sein et composée de MM. de Saulcy, Ch. Robert et A. de Barthélemy, auxquels furent adjoints MM. Chabouillet et Muret. L'ouvrage devait comprendre deux parties : la première, uniquement consacrée à la description des monnaies gauloises du Cabinet de France ; la seconde, à la description des pièces qui, manquant dans ce dépôt, seraient prises dans les collections publiques et privées de la France et de l'étranger. Un atlas général devait compléter et illustrer cette double publication.

La Commission de topographie des Gaules fut dissoute en 1883, avant que le travail fût terminé. MM. Chabouillet et Muret restèrent seuls chargés de poursuivre la publication de la première partie, c'est-à-dire du *Catalogue des monnaies gauloises de la Bibliothèque nationale.* La seconde partie était demeurée à l'état de projet. En ce qui concerne l'*Atlas,* le travail était très avancé ; la Commission avait déjà fait graver le plus grand nombre des planches, celles qui composent le recueil que nous livrons aujourd'hui au public.

Le but de la Commission — mettre entre les mains des savants un *Corpus* de la numismatique gauloise — est clairement indiqué par le choix même des pièces qui composent cet atlas et qui appartiennent aux collections les plus diverses ; on peut même affirmer que ce but a été à peu près atteint, car il n'est pour ainsi dire pas un type important qui ne soit représenté ici. Mais telle est l'incomparable richesse de la collection du Cabinet de France, que les monnaies empruntées à d'autres collections sont en minorité et ne forment même que l'exception. Ainsi, sur près de deux mille monnaies figurées, à peine y en a-t-il deux cent cinquante dont les originaux aient été pris ailleurs ; encore la plupart de ces pièces se trouvent-elles au Cabinet des médailles, mais représentées par des exemplaires de moins bonne conservation.

Pour ce travail, la Commission de topographie des Gaules a rejeté les procédés photographiques, préférables, il est vrai, à la gravure quand il s'agit de reproduire des monnaies et des médailles en parfait état de conservation, mais inapplicables quand il est question de pièces barbares, mal conservées, et dont le relief a disparu en grande partie par suite de l'usure ou de l'oxydation. La Commission choisit comme graveur M. Dardel, dont le talent était apprécié depuis longtemps par les numismatistes, et dont le nom restera connu, grâce à tous les beaux recueils auxquels il a collaboré. M. Dardel fut guidé dans son travail par E. Muret, chargé à cette même époque du classement et du Catalogue des monnaies gauloises de la Bibliothèque nationale, et plus particulièrement par MM. Anatole de Barthélemy et Charles Robert : le premier mettant au service de ses collègues ses recueils de dessins, sa connaissance approfondie de la numismatique gauloise, sa fine et solide critique ; le second apportant, avec le concours de sa grande expérience, la précision et la fidélité de son crayon.

De cette savante collaboration devait naître un monument appelé à rendre les plus grands services à tous ceux qui s'occupent d'archéologie gauloise. Il suffit de jeter les yeux sur les planches que nous livrons aujourd'hui au public, pour voir avec quelle finesse et quelle entente du style des monnaies la gravure a été exécutée. On pourra tenter de nouvelles classifications, détruire les vieilles théories, renouveler même, je l'admets un instant, la numismatique gauloise tout entière, cet atlas n'en restera pas moins un précieux instrument de travail, en raison du nombre considérable et de la qualité des monuments qui le composent.

Malheureusement, l'ouvrage préparé avec tant de soin restait inachevé. Deux des principaux collaborateurs, MM. Ch. Robert et Muret, moururent à peu de temps d'intervalle; quant à M. Dardel, sa santé altérée lui a rendu depuis longtemps tout à fait impossible un travail quelconque de gravure, même de simple retouche.

Les numismatistes regretteront vivement que M. de Barthélemy, absorbé par d'autres travaux, n'ait pu achever l'œuvre à laquelle il avait concouru; personne n'avait la même autorité scientifique pour présenter ce livre au public.

Au moment où M. le ministre de l'instruction publique et des beaux-arts voulut bien — sur la proposition de M. Xavier Charmes, directeur du secrétariat et de la comptabilité — me charger de mener à bonne fin cette publication, le recueil se composait des cinquante-cinq planches actuelles, avec toutes les monnaies gravées, mais sans rien de plus, sans titres, sans numéros, sans références. Retrouver les originaux n'eût été, sans doute, qu'un jeu pour Ch. Robert et Muret, qui avaient fourni à M. Dardel les éléments de ses gravures; mais leur fil conducteur n'avait été légué à personne, il fallait reprendre une à une chaque pièce et chercher péniblement à l'identifier avec l'une des dix mille monnaies de la Bibliothèque nationale ou des autres collections de France les plus connues.

En me faisant l'honneur de me confier cette tâche, M. le ministre a pensé, sans doute, que je devais y être particulièrement préparé par le rangement des monnaies gauloises du Cabinet des médailles, ainsi que par la rédaction des tables développées qui ont été annexées au *Catalogue des monnaies gauloises de la Bibliothèque nationale.* Je me suis efforcé de justifier cette confiance, et j'ai pris à cœur de fournir au public les moyens de tirer de ce grand recueil tout le parti possible.

Il eût été superflu de décrire chacune des pièces figurées sur les planches, puisque toutes, sauf de très rares exceptions, avaient été déjà publiées soit dans le *Catalogue* de la Bibliothèque, soit dans quelques autres ouvrages faciles à consulter; il suffisait donc d'indiquer exactement les références. Mais il importait avant tout de renvoyer chaque fois au catalogue de la collection qui a fourni la majorité des pièces et qui, de beaucoup la plus nombreuse, est aussi la plus accessible au public, celle de la Bibliothèque nationale. Nous avons voulu, en un mot, mettre tous les travailleurs à même de contrôler sur nature et par leurs propres yeux, d'une part, les descriptions du *Catalogue* de Muret, et, de l'autre, les gravures de l'*Atlas*. Rien ne s'opposait d'ailleurs à ce que l'on prît ce *Catalogue* comme base de tout le travail : la classification suivie par E. Muret est, en effet, la même dans ses grandes lignes que celle de notre recueil; dès lors, celui-ci vient compléter et en quelque sorte vivifier une œuvre qui ne peut avoir toute son utilité qu'autant qu'elle est accompagnée de planches.

Les numismatistes se rendront facilement compte de la difficulté d'identifier une monnaie, même fidèlement gravée, quand il s'agit de choisir entre quarante ou cinquante exemplaires (1), tous semblables pour les types, tous rangés sous une même description très sommaire et qui ne se distinguent entre eux que par de très faibles différences de poids.

Mais une autre difficulté se présentait, que je ne soupçonnais pas en commençant ce travail; il est nécessaire de la faire connaître. D'après une théorie admise par Ch. Robert et fréquemment appliquée par lui, il est bon de compléter l'image d'une pièce incomplète ou mal conservée à l'aide d'exemplaires plus parfaits en quelques-unes de leurs parties; de créer en quelque sorte une pièce idéale, en s'aidant d'un certain nombre d'exemplaires frustes ou imparfaitement frappés. Ainsi, parfois on constituait une monnaie hybride en empruntant à une pièce son droit, à une autre son revers; quelquefois on allait plus loin encore : plusieurs monnaies servaient à composer une seule face;

(1) Voyez, par exemple, les numéros 1603 à 1652, 3472 à 3516, etc.

par exemple, le droit du numéro 3464 est complété avec le droit du numéro 3467 et devient ainsi la pièce composite de la planche X. J'avais déjà constaté plusieurs fois l'application de ce système, mais j'hésitais encore à l'admettre, quand M. A. de Barthélemy, auquel je confiai mes perplexités, voulut bien me rassurer en me disant que telles étaient en effet les idées admises et souvent appliquées par Ch. Robert.

On peut, assurément, se fier aux dessins de Ch. Robert; il y a mis toute son habileté d'artiste et toute sa conscience d'archéologue. Néanmoins, j'ai cru devoir signaler au lecteur toutes les monnaies gravées d'après ce système, que j'estime dangereux dans un catalogue ou dans un *Corpus;* car on doit trouver avant tout dans ces sortes de recueils des descriptions et des reproductions dont l'exactitude est la première qualité, et qui permettent de faire en toute certitude et facilité les recherches et les identifications.

Quand il y a doute dans les identifications que je propose, le lecteur est averti par un point d'interrogation placé entre parenthèses à la suite du numéro. Dans les cas très exceptionnels où, après des comparaisons minutieuses et les recherches les plus complètes, il m'a été impossible de retrouver à quelle collection appartient telle monnaie, ou bien d'identifier telle autre monnaie devenue méconnaissable à cause des retouches du graveur, je renvoie, au moyen du sigle *Cf.*, à celui des numéros du *Catalogue* de notre grande collection nationale qui se rapproche le plus de la pièce gravée.

Car, ainsi que je l'ai déjà dit, la base de mon travail est la collection de la Bibliothèque : c'est à elle que je me reporte toujours, respectant, autant que faire se peut, et les classifications établies par E. Muret dans le *Catalogue,* et le travail de la Commission de topographie des Gaules; cherchant à interpréter la pensée de leurs auteurs sans y substituer mes propres jugements; en un mot, prenant telles quelles ces deux œuvres différentes, bien que conçues d'après un même plan, et les reliant le mieux possible.

C'est pour atteindre à une plus grande unité et à une fusion plus complète que j'ai fait précéder ces planches d'une table générale des matières, qui permettra de recourir avec une égale facilité aux planches de l'*Atlas* et au texte de Muret. Parfois il est assez difficile de se mouvoir dans le *Catalogue* et de s'y retrouver, parce que les divisions n'y sont pas nettement précisées et que, chose plus regrettable encore, plusieurs titres manquent, par exemple : *Massilia, Petrocorii, Andecavi, Turones, Caletes,* etc.; ici les divisions sont nettement accusées.

Cette table contient, sous forme de note et après chaque numéro, les rectifications nécessitées par des inexactitudes ou des erreurs matérielles soit dans la gravure (1), soit dans la description correspondante. Mais je ne me suis pas préoccupé de relever quelques omissions légères ou des erreurs de doctrines, ni de prendre parti dans les cas douteux, ni de corriger diverses attributions jugées depuis peu de temps inexactes, par exemple celle des monnaies à la légende CRICIRV, actuellement données aux *Suessiones.* Je me suis appliqué toutefois à faire disparaître les contradictions apparentes ou réelles qui existent entre les gravures de M. Dardel et le texte de Muret, et j'ai toujours ménagé la suprême ressource de se reporter à l'original en quelque collection qu'il se trouve, afin que le lecteur puisse juger la question en pleine connaissance de cause.

Voici d'ailleurs la liste des collections et des publications citées dans le cours de cet atlas : le Musée de Saint-Germain et celui de Marseille, la *Revue numismatique,* la publication bien connue de M. John Evans (*The Coins of the ancient Britons*), la collection de Ch. Robert (dessins ou pièces originales), la collection de M. A. de Barthélemy, et enfin celle de M. Danicourt, au Musée de Péronne.

Ces quelques éclaircissements fournis, j'ai l'agréable devoir de remercier tous ceux qui m'ont aidé dans mon travail : M. Bertrand, directeur du Musée de Saint-Germain, qui a fait mettre à ma disposition avec la plus extrême bienveillance les monnaies gauloises du Musée dont il a la conservation; M. A. de Barthélemy, dont on aurait aimé voir le nom en tête de cet atlas; M. le conservateur du Musée de Péronne, qui a bien voulu me communiquer toutes les monnaies de la collection Danicourt; M. Laugier, le très obligeant conservateur du Cabinet des médailles de la ville de Marseille.

On me permettra enfin d'inscrire encore ici le nom de M. Dardel, l'habile graveur qui a rendu de si grands ser-

(1) Bien des retouches ont été exécutées d'après mes indications sur les planches elles-mêmes, mais je ne pouvais songer, surtout étant privé de l'assistance de M. Dardel, à faire de trop importantes rectifications.

vices à la numismatique, et celui de mon ancien collègue E. Muret : ma pensée se reporte avec tristesse vers cet infatigable travailleur surpris par la mort en pleine activité, avant d'avoir terminé la publication de ce *Catalogue* auquel il donnait tous ses soins, avant même d'avoir classé dans l'ordre établi par lui les nombreuses monnaies de notre collection nationale.

Au moment de livrer ce recueil au public, j'ose espérer que mon labeur, si modeste qu'il soit, ne sera pas inutile; j'avouerai même que cet espoir m'a soutenu plus d'une fois dans l'œuvre un peu ingrate qui m'avait été confiée.

H. DE LA TOUR.

EXPLICATION DES ABRÉVIATIONS ET DES SIGNES

A. F. — Ancien fonds du Cabinet des médailles.

Ar. — Argent.

Br. — Bronze.

El. — Electrum.

Ev. — Evans.

Imit. — Imitation.

L. — Lagoy (collection Lagoy, achetée par le duc de Luynes et donnée par lui à la Bibliothèque nationale).

Mon. — Monnaie.

Mus. — Musée.

Pot. — Potin.

R. N. — Revue numismatique.

S. — Saulcy (collection Saulcy, acquise par l'État pour le département des médailles de la Bibliothèque nationale).

S. — Symbole. } Table des matières du *Catalogue*.
T. — Type. }

* — Inscription placée à l'exergue.
** — Inscription placée dans le champ.
L'inscription placée autour du champ n'est désignée par aucun signe. } Table des légendes du *Catalogue*.

TABLE DES MATIÈRES

TRÉSOR D'AURIOL.

Pl. I. 151, 24, 25, 33, 29, 37, 48, 94, 150, 95, 152, 138, 87, 188, 86, 336, 324, 303, 253, 267, 193, 213, 215, 200, 234, 221, 244, 469, 84, 296, 292, 276, 272, 270, 468, 472, 356, 387, 374 (?), 376, 279.

MASSILIA.

Pl. II. 496, 497, 499, 500, 8, 10, 504, 508, 510, 511, 520, 524, 516, 580, 530, Musée de Marseille (A), 535, 534, 528 (la corne est visible sur la monnaie), 687, 689, 681, 695, 699, 574, 576, Cf. 593, Musée de Marseille (B), 785, 786, 794, 797.

Pl. III. 819, 791, 788, 790, Musée de Marseille (C), 864, 820, 821, 866, 836, 854, 859, 849, 840, 829, 844, 851, 869, 910, 916, 921, 942, 944, 1064 (?), 1159, 1090, Musée de Marseille (D), 1004, 1274, 1015.

Pl. IV. 992, 956, 1356 (lire PIIA au ℞), 1418, 1315, 1436, 1462, 1471, 1495, 1481, 1515, 1476 (le flambeau est très indistinct sur l'original), Musée de Marseille (E), 2113, 1673 (la lettre E, peu nette à l'exergue du ℞), 1936, 1914, 1912, 1969, 2122 (profil complété par le graveur), Cf. 2082[A], 2053, 2117, 1972, 2086, 2071, 2065, 2051, 2022, 2110 (ΜΑΣΣ au ℞), 2101 (P sous le lion), 2124 (ΓΕ au ℞).

INCERTAINE.

Pl. V. 2177.

TRICORII.

— 2248, 2249.

SEGOVII.

— 2244 (CΕΓΟΒΙ au ℞).

GLANUM.

— 2247.

COENICENSES.

— 2245 (le monogramme placé sous le lion est exactement gravé).

IMITATIONS DE MONNAIES MASSALIOTES (NORD DE L'ITALIE).

(OꓘꟻDIꟼ, OIOIXVO, DIKOA).

— 2163, 2171, 2169.

IMITATIONS DE MONNAIES MASSALIOTES.

— 2250, 2252, 2254, 2253, 2255, 2146, 2126, 2173, 2172, 2521 (légende du ℞ complétée sur la gravure), 2223, 2225 (légende du ℞ refaite par le graveur), 2230 (ΜΑΣΣ... ΗΑΙΚΙ... au ℞), 2228, 2227, 2226.

SAMNAGENSES.

— 2256, 2242 (l'A de la légende du ℞ est douteux), 2241, 2232, 2229.

ANTIPOLIS.

Pl. VI. 2179 (ΙΣ, au droit, et ΑΕΠ, au ℞, sont illisibles sur l'original), 2203, 2196, 2195.

INCERTAINE.

— 2349.

LONGOSTALETES.

— 3355, 2369 (ΛΟΥΚΟΡ au droit), 2363, 2416, 2425 (Σ final peu visible au ℞), 2412, 2415, 2403, 2408, 2431.

BETERRA.

— 2432, 2499, 2449, 2488, 2496 (le dauphin du ℞ est très douteux).

AVENIO.

— 2513, 2516, 2519.

CABELLIO.

— Musée de Saint-Germain, 2545, 2572, 2563, 2256 (?).

VOLCÆ ARECOMICI.

— 2630, 2621, 2646, 2649, 2657 (?) (doute pour le ℞ seulement), 2677 (?) (doute pour le ℞ seulement).

NEMAUSUS.

— 2698.

Pl. VII. 2709 (au ℞ NEM), 2718, 2725, 2735, 2778 (le dernier jambage de l'M de NEM est effacé), 2806, 2837, 2839.

ALLOBROGES.

— 2879, 2884, 2895, 2904 (pèse 2 gr. 23), 2917, 2912, 2924, 2935.

SEGUSIAVI.

— 4622, 4633, 4628.

ATΠI.

— 4637 (légende indistincte).

LUGDUNUM.

— 4648, 4660 (le symbole du ℞ est fidèlement reproduit sur la gravure), 4669 (le symbole placé sur la proue est exactement gravé), 4693, 4744, 4771, 4776 (lettres du ℞ plus grandes sur l'original), 4794-4795 (la légende complète du ℞ est AΠAMOC), 4797, 4798 (légende du ℞, illisible).

VIENNA.

— 2943 (pèse 19 gr. 74).

RHODA.

Pl. VIII. Cf. 2317, Luynes (A) (?).

IMITATIONS DE MONNAIES DE RHODA.

— 2319 (la légende est fidèlement gravée), Ch. Robert (A), 2322, 2323, Ch. Robert (B), 2330, 2332, 2333, 2335, 2324, 2325, 2327, 2328, Ch. Robert (C), 2337, 2343, 2346, Ch. Robert (D), Luynes (B).

VOLCÆ TECTOSAGES.

— 2954, 2956, 2957, Ch. Robert (E), Cf. 2976, 2975, 2986, Ch. Robert (F), 3015, 3040, 3056 (trois besants au ℞).

Pl. IX. 3079, Ch. Robert (G), Ch. Robert (H), Ch. Robert (I), 3104, 3108, 3111, 3132, 3231, 3254 (l'olive surmontée du croissant est inexactement figurée au ℞), 3258 (exactement gravé), 3263, 3373, 3350, 3351, Ch. Robert (J) (t. I, 36), 3204, (?)-3293, 3298, 3190 (roue très indistincte au ℞), 3349, Ch. Robert (K), Ch. Robert (L), Ch. Robert (M), Ch. Robert (N), Ch. Robert (O), Ch. Robert (P), Ch. Robert (Q), 3182, Ch. Robert (R), Ch. Robert (S).

Pl. X. Cf. 3349, Cf. 3342, Cf. 3331, Cf. 3300, Cf. 3316, 3365, 3367, 3370, A. de Barthélemy, 3408 (contour du ℞, inexact sur la gravure), 3203, 3204, 3419, 3406 (au ℞, le deuxième croissant n'est pas apparent), 3371, 3433, 3444, 3467-3464, 3470, 3533, 3555, 3557, 3560, 3563 (la hache est très indistincte), 3565, Ch. Robert (T), Ch. Robert (U), 3558, 3564, Cf. 3565^A, 3566, 3567, 3569, 3571, 3572, 3573.

TARUSATES.

Pl. XI. 3582, 3584.

ELUSATES.

— 3587, 3603, 3602.

SOTIATES.

— 3605.

ARVERNI.

— 3614, 3629, 3652 (au ℞, lisez ΦΙΛΙΠΠΟΙΥ), 3659 (légende très indistincte au ℞), 3679, 3794-(?) (le ℞ paraît être celui du 3787, complété au moyen d'une autre pièce), 3966-3969, 3684, 3696, 3699, 3781, 3701, 3709, 3711, 3736, 3738, 3740, 3742, 3716, Cf. 3722 (la pièce figurée est une combinaison de plusieurs exemplaires), 3729, 3730 (l'éclatement de la tranche est aussi apparent au droit qu'au ℞), 3750 (légende du droit exactement gravée), 3751, 3760, 3727.

Pl. XII. 3745 (S couché au-dessus du cheval), 3753, 3755, 3758, 3761, 3764 (la lettre S de la légende n'a pas porté sur le flan), 3767, 3774, Cf. 3775, 3777, 3778, 3868 (les cinq premières lettres de la légende sont seules lisibles), 3885 (à l'exergue, lire EPAD), 3894 (?), 3900, Cf. 3931, 3921 (la légende du droit presque entièrement rétablie par le graveur), 3943, 3948-3949, 3952, 3994 (les trois premières lettres de la légende ajoutées sur la figure), 4007 (les quatre dernières lettres trop nettes sur la gravure).

PETROCORII.

— 4305, 4309, 4316, 4349, 4326, 4336, 4340, 4353 (lire SEX. F.).

CADURCI.

— 4365, 4367 (?) (les trois premières lettres de la légende seules visibles sur l'original).

INCERTAINES.

Pl. XIII. 4198, 4383, Musée de Saint-Germain, 4363.

PICTONES.

— 4395, 4417, 4419, 4433.

BITURIGES CUBI.

— 4068, 4072, 4091, 4067 (un quatre-feuilles au-dessus du cheval), 4113, 4066.

PICTONES.

— 4446, 4439, 4460, 4461, 4473, 4478, 4484, 4495, 4535 (le D de NERCOD n'est pas douteux au droit).

SANTONES.

— 4512, 4514, 4525, 4520.

LEMOVICES.

— 4543, 4549, 4552, 4555, 4551.

Pl. XIV. 4560, 4557, 4561, 4572, 4578 (?), 4581, 4583.

BITURIGES CUBI.

— 4112, 4092, 4114, 4117, 4123, 4127, 4117, 4126, 4097, 4108, 4131, 4139, 4143, (?)-4147 (légende du droit complétée par le graveur), 4183, 4173 (le collier n'est pas apparent, et on ne lit que BVCATO), 4175, 4196 (les annelets sont centrés), 4190 (le ℞ est gravé exactement; l'E n'est pas apparent), 4177 (OSVAII, annelets centrés), 4587, 4588, 4180, 4185.

INCERTAINES.

Pl. XV. 4590, 4589, 4591, 4592, 4596 (aurige au ℞), 4597 (le glaive n'est pas apparent sur l'original), 4599 (les cinq premières lettres de la légende du ℞ ont été ajoutées par le graveur).

ÆDUI.

— 4805 (l'E d'Orcetirix est formé par trois points superposés), 4800 (id.), 4819 (lire ORCIIT), Cf. 4823-4824, 4830, 4832, 4834, 4835, 4837, 4843, 4867, 4838 (au ℞, pas d'épi dans le champ), 4845, 4858, 4871, 4886 (le pied de l'Y est suppléé par le graveur), 4972, 5044 (la tête et les deux premières lettres de la légende, complétées et plus nettes sur la gravure que sur l'original), 5050 (légende du droit très peu nette), 4866, 5026, 5049, 5053, 5072, 5075-5076 (le ℞ est formé par le 5076 complété par le 5075).

Pl. XVI. 5080 (le ℞ moins net dans l'original que sur la gravure), 5083, 5086, 5088, Cf. Musée de Saint-Germain (la pièce du Musée de Saint-Germain est plus rognée), 5093 (tête casquée), 5099, 5138, 5252 (au ℞, S devant la tête du cheval; DC plus net sur l'original que sur la gravure), 5253, 5267, 5275, 5277.

MANDUBII.

— 5281, 4842 (classé aux Ædui dans le Catalogue), 5284.

AMBARRI (?).

— 5315, 5317.

SEQUANI.

— 5318, 5322, 5351 (les trois lettres OIO suppléées par le graveur), 5368, 5390, 5393, 5542 (la légende DOCI mal rendue par le graveur), 5401, 5527, 5508, 5538, 5405-5411 (?) (les lettres SAMF moins complètes sur l'original que sur la gravure), 5550, 5878.

Pl. XVII. 5594-Cf. 5604, 5611, 5629, 5632, 5639 (poids 1 gr. 70).

IMITATIONS DES DENIERS ROMAINS AU TYPE DES DIOSCURES.

— 5715, 5728, 5731, 5719, Cf. 5733, 5738 (le droit est fidèlement gravé : la première lettre de la légende n'est pas apparente), 5743, 5748, 5745, 5747, 5762, 5774 (légende du ℞ plus complète sur la gravure), 5779 (les premières lettres de la légende du droit n'existent pas sur l'original), 5780 (légende du droit très légèrement complétée sur la gravure), 5795, 5801, 5803, 5807, 5815, 5820, 5836 (les lettres CO, au ℞, n'existent que sur la gravure), 5859, 5864, 5867, 5870, 5871, 5877.

Pl. XVIII. 5777, 5888, 5891, 5893, 5895 (?), 5879, 5908, 5916, 5928, 5929, 5934, 5935, 5937 (légende peu distincte), 5943.

CARNUTES.

— 5947, 5950, 5951, 5955, 5957, 5958, 5963, 5965, 5967 (le symbole placé au-dessus du cheval est semblable à celui figuré au-dessous), 5973, 5980, 5985, 5986, 5994, 6011, 6017, 6032, 6033.

Pl. XIX. 6050, Cf. 6055, 6060, 6063, 6067, 6068, 6069, 6070 (sous l'aigle, symbole en forme d'Y), 6074 (au droit, astre sur la joue; au ℞, croissant au lieu de deux circonférences concentriques), 6077 (le symbole S a porté en dehors du flan au ℞), 6088, 6108, 6117, 6132, 6140, 6147 (au ℞, les trois points et la croisette existent sur l'original), 6188 (au ℞, deux étoiles et S), 6202, 6217 (℞. Au lieu de deux « points centrés », ce sont deux ornements en forme d'∽), 6218, 6295, 6306, 6308 (au ℞, annelet devant le taureau, Ω dessous), 6309, 6311 (au lieu de ORNOS, lisez OBNOS), 6314 (le K initial de la légende n'a pas porté sur le flan), 6317, 6322, 6329, 6331, 6337, 6342 (la gravure est très fidèle).

Pl. XX. 6358, 6361, 6370, 6377, 6385, 6388, 6391 (la première lettre de la légende n'a pas porté sur le flan), 6396, 6398, 6400, 6403, 6405 (la deuxième et la troisième lettre de la légende sont peu nettes), 6406 (pas d'A à la fin de la légende), 6410, 6411.

NAMNETES.

— 6721, 6722.

BAÏOCASSES.

— 6949 (à l'exergue du ℞, ornement figurant une légende dégénérée), 6947, 6950 (id., avec fleuron à l'extrémité droite de l'exergue. — Même n° gravé à la pl. XXIV), 6951 (même n° à la pl. XXIV), 6052 (même n° à la pl. XXIV), 6953 (même n° à la pl. XXIV), 6954 (même n° à la pl. XXIV).

UNELLI.

— 6922, 6927 (ornement sur le bord du cou, légende simulée à l'exergue du ℞), 6928 (fleuron devant la bouche, trois feuilles derrière le cou), 6930, 6931, 6932 (même monnaie à la pl. XXIV), 6935 (devant et sous le cheval, sorte de Δ.— Même monnaie à la pl. XXIV), 6936 (℞. Un seul cheval; à l'exergue, traces de légende), 6937, 6938, 6941 (c'est un cordon qui est attaché à la poignée de l'épée), 6943.

Pl. XXI. 6944 (sorte de fleuron à droite de l'épée, comme sur la gravure).

AULERCI DIABLINTES.

— 6902 (aurige au-dessus du cheval androcéphale), 6903 (aurige).

ANDECAVI.

— 6455, 6463, 6470, 6480 (aurige ou fleuron au-dessus du cheval), 6723 (croix sur le front de la tête du droit, aurige au ℞), 6724 (pas de rayon au droit; au ℞, aurige), 6728 (au droit, rayon sur la tête et pas de croix; au ℞, aurige), 6735, 6743 (croix et fleurons devant la tête), 6745, 6755.

AULERCI DIABLINTES.

— 6493, 6502.

OSISMII.

— 6504, 6506, 6508 (℞ Un seul cheval et aurige réduit à une tête), 6512, 6516 (un seul cheval, au ℞, et aurige réduit à une tête), 6518 (id.), 6519 (un seul cheval), 6521 (id.), 6522, 6524, 6527 (un seul cheval androcéphale et aurige), 6529 (id.), 6530 (id.), 6531 (id.), 6533 (au droit, deux petites têtes; au ℞, cheval androcéphale et aurige réduit à une tête), 6535 (génie ailé sous le cheval).

Pl. XXII. 6537 (au droit, ornement sous la tête; au ℞, un seul cheval androcéphale), 6538 (un seul cheval androcéphale), 6541, 6543 (au droit, deux petites têtes seulement), 6555, 6551, 6576 (petite tête devant la figure du droit, et au ℞, tête servant d'aurige).

CORISOPITES.

— 6578, 6584 (pas de petite tête au droit), 6585.

CURIOSOLITÆ.

— 6598, 6614, 6634 (sorte de fleuron devant la bouche de la figure du droit), 6654 (au droit, cordons de perles; au ℞, un seul cheval androcéphale et sanglier bampé au-dessous), 6667 (au droit, cordon de perles et fleuron; au ℞, bâton dans la main de l'aurige), 6676 (au droit, petit éclat devant la tête, à hauteur du nez; au ℞, petite tête devant le cheval androcéphale), 6684 (au droit, cordons de perles; au ℞, un seul cheval androcéphale et, dans la main de l'aurige, bâton surmonté du disque), 6703 (id.), 6713 (℞. Tête d'aurige au-dessus du cheval; au-dessous, annelet entre deux astres), 6720.

REDONES.

— 6756, 6758, 6759, 6760 (pas de rosace devant le cheval), 6761 (l'épée du cavalier incertaine), 6762 (id.), 6763, 6764 (symbole peu distinct et roue sous le cheval), 6767 (fleuron sous le cou de la tête du droit), 6768 (id.), 6774, 6782 (l'hippocampe et la roue plus nets sur l'orignal que sur la gravure).

Pl. XXIII. 6783, 6792, 6793 (fleuron et petite tête devant la tête du droit), 6794, 6804, 6805, 6811 (autour de la tête, ornements en S; au ℞, cheval androcéphale).

ABRINCATUI.

— 6813.

AULERCI CENOMANI.

— 6818, 6821, 6823, 6824, 6825 (au droit, petites têtes au bout des cordons, fleurons sous le cou), 6826, 6827 (petites têtes, fleurons sous le cou, au droit; aurige tenant les franges, au ℞), 6828 (ornement sous le cou d'Ogmius; au aurige au ℞), 6829 (ornement sous la tête d'Ogmius; au ℞, l'aurige tient la branche de gui et le vexillum), 6830, 6835 (id.), 6837 (id.), 6838 (id.), 6840 (petites têtes au droit, aurige au ℞), 6847 (l'aurige tient une petite tête; celle que la figure couchée tient de sa main gauche a porté en dehors du flan), 6851 (le vexillum a porté en dehors du flan), 6852 (id., pour la lance du guerrier couché), 6858, 6861, 6868, 6874 (id.), 6870, 6875, 6878 (au droit, petites têtes à l'extrémité des cordons), 6879 (ornement sous le cou, au droit; au ℞, vexillum tenu par l'aurige), 6881 (rayon devant et derrière la tête du droit), 6883 (tête barbare, au droit; au ℞, vexillum tenu par l'aurige), 6888.

Pl. XXIV. 6889 (petites têtes au droit), 6893 (id.), 6894 (l'une des petites têtes est apparente), 6895 (au lieu de *rayon*, lisez *fleuron*), 6896 (petites têtes au droit), 6897, 6899 (fleuron sous le cou, au droit), 6901.

INCERTAINES DE L'ARMORIQUE.

— 6903 (fleuron sous le cou et petites têtes, au droit; aurige tenant le vexillum, au ℞. — Cf. 6902, pl. XXI), 6905,

6908, 6909, 6911, 6912, 6913 (le chien absolument méconnaissable), 6914 (id.), 6915 (id.), 6916 (id.), 6917 (aurige au ℞), 6918 (petites têtes au droit ; au ℞, la branche de gui inexactement gravée), 6920, 6921.

UNELLI.

— 6924 (figure peu distincte au-dessus du cavalier), 6925 (fleuron sous le cou de la tête du droit ; au ℞, devant le lion, petite tête coupée), 6932 (même pièce, pl. XX), 6933 (id.), 6934 (serpent (?) devant le cheval), 6935 (Δ devant le cheval et sous le cheval. — Même pièce, pl. XX).

VIDUCASSES.

— 6946 (les trois annelets centrés sont devant la face ; au ℞, annelet derrière le cheval).

BAÏOCASSES.

— Ch. Robert (V), Ch. Robert (X), 6950 (même pièce, pl. XX), 6951 (id.), 6952 (id.), 6953 (id.), 6954 (id.).

Pl. XXV. 6955, 6963, 6967, 6969, 6978, 6980, 6982, 6983, 6984, 6985.

TROUVAILLE DE JERSEY.

— J. 1, J. 2, J. 3, J. 4, J. 5, J. 6, J. 7, J. 8, J. 9, J. 10, J. 11, J. 12, J. 13, J. 14, J. 15, J. 16, 10412 (la fin de la légende, ATIS, n'est pas sur la monnaie), J. 17, 10400, 10382 (la dernière lettre de la légende est un A ou un Δ, mais non un Y ; symbole peu distinct au-dessus du cheval), 10385, 10413 (sous le cheval, sorte de bouquetin dont on ne voit que le buste), 10380, 10381, 10405 (légendes peu distinctes), 10384 (les quatre dernières lettres de la légende seules visibles au droit ; le dauphin peu certain au R).

Pl. XXVI. 10383 (lire PENNILLE ou PENNILLI), J. 18, 10396 (le droit est exactement figuré), 10397 (un seul annelet centré est visible dans l'un des cantons ; étoile sous le cheval), 10398, 10391 (lyre derrière la tête du droit), J. 19, 10392, 10386, J. 20, J. 21, J. 22, J. 23, J. 24, J. 25, J. 26, J. 27, J. 28, J. 29, J. 30, 10409, J. 31, J. 32, J. 33, 10387, J. 34, J. 35, J. 36, J. 37, J. 38, J. 39, J. 40, J. 41, J. 42, J. 43, J. 44, J. 45, J. 46, J. 47, J. 48.

Pl. XXVII. J. 49, J. 50, J. 51, J. 52, J. 53, J. 54, J. 55, J. 56, J. 57, J. 58, J. 59, 10411, 10402, 10399 (le T de la légende transcrite par E. Muret est placé devant le menton de la tête du droit), J. 60, 10410, J. 61, 10395, J. 62, J. 63, 10394, 10390, 10406, 10407 (le profil du ℞, absolument méconnaissable), 10408, J. 64, 10393 (croisette devant le sanglier), J. 65, J. 66.

INCERTAINE.

— Ch. Robert (Y).

TURONES.

— 6421^{A}, 6422, 6424, 6426, 6427, 6995-6993, 6997-6996 (taureau au ℞), Cf. 7005, 7011.

AULERCI EBUROVICES.

— 7015.

Pl. XXVIII. 7017, 7018, 7019, 7020, 7021 (petit sanglier au droit), 7029 (id.), 7032 (id. ℞. Au-dessus du cheval, autre symbole que l'annelet centré), 7034 (au-dessus du cheval, autre symbole que l'annelet perlé), 7037, 7042 (feuille devant le cheval), 7044 (IBRVIX et feuille), 7046, 7049 (?), 7056, 7058, 7064, Cf. 7070, Cf. 7078, Cf. 7081, 7095-7096 (?), 7100 (?) (la dernière lettre de la légende a la forme d'un C), 7105, 7112.

ESSUI (?).

— 7116, 7121, 7123 (taureau au ℞), 7134, 7137, 7139.

LEXOVII.

— 7143 (les trois lettres LIX ajoutées par le graveur), 7146, 7148, 7152-7153 (?), 7158, 7156, 7159, 7166.

CALETES.

— 7169, 7170 (au lieu de les *yeux*, lisez l'*œil*), 7171.

Pl. XXIX. 7173, 7174 (?), 7177, 7181-7182, 7187-7186 (taureau au ℞), 7191, 7203-7204, 7205, 7207 (taureau au ℞), 7220, 7221, 7224.

VELIOCASSES.

— 7230, 7234, 7235, 7236, 7239, 7241 (étoile au-dessus du cheval ; au-dessous, étoile semblable et croissant), 7245, 7248, 7258, 7276, 7277, 7283, 7300 (le *torques* placé devant le cheval n'est pas visible sur l'original), 7314, 7322, 7327, 7328, 7329, 7331, 7333, 7340, 7349, 7342, 7352, 7356 (?), 7357, 7360 (?) (la légende du droit paraît avoir été complétée au moyen de celle du n° 7361), 7363.

Pl. XXX. 7367 (les deux dernières lettres de la légende du ℞ ne sont pas apparentes), 7370, 7372.

SENONES.

— 7388, 7396, 7405, 7417, 7434, 7437, 7445, 7447, 7458, 7464, 7465, 7467, 7472-7471, 7485, 7490, 7493 (au ℞, lisez LLYCCI), 7508 (la légende gravée est exacte, sauf l'O, qui est très douteux), 7527, 7545, 7550, 7552 (lisez SWNV), 7565 (?) (légende du ℞ très complétée par le graveur), 7570, 7574, 7575, 7577, 7580 (quatre points au-dessus du cheval), 7583, 7585, 7589, 7590, 7596, 7600.

MELDI.

— 7602, 7606, 7608, 7613.

Pl. XXXI. 7617, 7631, 7632, 7633, 7635-7636 (?), 7646-7643, Cf. 7658, Cf. 7660, 7680, 7691, Cf. 7687, 7690 (?) (au droit, on n'aperçoit de la légende ARCANTODAN que les deux lettres NT; au ℞, pas de légende apparente à l'exergue), 7694, 7699.

SUESSIONES.

— 7704 (étoile à cinq pointes au-dessus du cheval), 7713, 7716, 7717, 7729, 7737, 7739.

PARISII.

— 7777, 7779, 7780, 7782, 7788, 7790 (pas de croix sur la joue de la tête du droit), 7792, 7796, 7798, 7804, 7816, 7817, 7820 (?), 7850, 7858.

SILVANECTES.

— 7859, 7862, 7870, 9194, 7873.

BELLOVACI.

Pl. XXXII. 7878, 7879, 7886, 7892, 7894, 7895, 7899, 7901, 7903, 7904, 7905, (?)-7924, 7941, 7945, 7946, 7949, 7951, 7976 (?) (l'original est complété sur la gravure par la légende NIREI, au droit, et la tête du cheval, au ℞), 7979, Cf. 7988-7981, 8000.

REMI.

— 8018, 8020, 8030 (la tête du droit est méconnaissable), 8040, Cf. 8054, 8082, 8084, 8085, 8086, 8092 (la légende INIICRITVRIX est impossible à lire), 8094 (A HIR IMP n'appartient pas au droit et n'est pas apparent sur le ℞), 8106.

CATALAUNI.

— 8124, 8133 (le symbole placé sous le cheval ne ressemble pas à un serpent), 8135, 8143, 8145.

INCERTAINES DE L'EST.

— 8178, 8291.

Pl. XXXIII. 8319 (deux profils accolés et non tête casquée; la légende gravée est dissemblable de celle de l'original), 8329, 8351, 8370.

AMBIANI.

— 10379, 8380, 8384, 8389, 8390, 8392, 8399-8397, 8402, 8403, 8405, 8406, 8412, 8416 (l'oiseau du ℞ n'est pas apparent sur l'original), 8424, 8426, 8427, 8431 (?), 8438, 8440 (?), 8441, 8442, 8445, 8449, 8456, 8460, 8463, 8464 (la gravure est plus exacte que la description), 8466 (au droit, le symbole transformé par Dardel en un poisson et un A est un oiseau) (?), 8468, 8471, 8472, 8473 (?), 8474, 8476, 8479, 8482.

Pl. XXXIV. 8485, 8486, 8487, 8494 (au-dessus du cheval, bucrane), 8495, 8496 (si l'on veut voir un cheval au ℞, il faut tourner la figure de droite à gauche d'un quart de cercle environ), 8497 (le symbole en S n'est pas visible au droit), 8498, 8499, 8500 (au-dessus du cheval, deux annelets et symbole en forme de serpent), 8502, 8503 (le ℞ est mal tourné et le cheval méconnaissable dans la gravure), 8505, 8507, 8509, 8512, 8513, 8514, 8515, 8517, 8518, 8519, 8522, 8523, 8526, 8527, 8529, 8533, 8535 (le profil est peu net dans l'original), 8538, 8541, 8554, 8569.

VEROMANDUI.

— 8570-8572 (lisez SOLLOS, au droit et au ℞), 8577, 8584, 8585.

ATREBATES.

— 8588, 8590, 8592.

Pl. XXXV. 8593, 8597, 8600 (le ℞ est tourné sens dessus dessous dans la gravure), 8603, 8606, 8611, 8620 (?), 8636, 8642 (roue, croix, deux points et annelet autour du cheval), 8645, 8669, 8671, 8673 - (?), 8680, 8682, 8687 (℞. Au lieu de CARSI. .OS, lire . . . .MMIOS), 8693.

INCERTAINES.

— 8694, 8697, 8701, 8701[A].

MORINI.

— 8704, 8707, 8710 (℞. Sortes d'oves ou de *torques* centrés, mais pas S couchés), 8717, 8722, 8729, 8731, 8732, 8734 (sous le cheval, croissant, point, besant, S).

MENAPII.

— 8743, 8744.

NERVII.

— 8746, 8755, 8760, 8766, 8773 (?)-8772, 8780 (au droit, un lion et non un animal androcéphale), 8796.

TREVIRI.

— 8799.

Pl. XXXVI. 8815, 8817, 8821 (les deux premières lettres de la légende n'ont pas porté sur le flan), 8823, 8825, 8834, 8835, 8839-(?) (le ℞ est peut-être une combinaison du n° 8839 et du n° 8840), 8849, 8852.

EBURONES.

— 8859, 8864.

ADUATUCI.

— 8865 (attribué aux *Aduatuci*, d'après une note d'E. Muret), 8868, 8885-8881, 8893.

INCERTAINES DE L'EST.

— 8896, 8897, 8900 (ici et dans beaucoup d'autres cas, le bige dégénéré n'a plus qu'un seul cheval), 8901, 8916, 8920, 8922 (il n'y a pas d'H au ℞ sur l'original), 8925, 8928, 8930, 8932.

MEDIOMATRICI.

— 8933, 8937, 8943 (le droit, qui représente la tête de Janus, doit être tourné de façon que l'échancrure soit placée en bas), 8944, 8945, 8946, 8953, 8967 (la gravure est exacte), 8972 (le ℞ est complété de tout le haut du corps du cavalier), 8979 (la gravure est exacte), 8986, 8987 (au droit, lisez ARC...MBA).

VIRODUNI.

— 8988.

Pl. XXXVII. 8989, 8990, 8993 (le bord de la pièce n'est pas doublé comme sur la gravure), 8994, 8997, 9000, 9003, 9004, 9005, 9009, 9013.

LEUCI.

— 9016, 9017, 9018, 9019, 9020, 9025, 9044, 9078, 9147 (tête mal comprise par le graveur, qui l'a tournée à droite), 9155, 9180, 9189, 9190, 9203, 9235 (?), 9248, 9266, 9269.

SALASSES.

— 9270, 9271; R. N. 1861, XV, 1; XV, 2; XV, 3; XV, 4; XV, 5; XV, 6; XV, 7; XV, 8.

SENONES ÉMIGRÉS.

— 9274.

Pl. XXXVIII. 9275.

TECTOSAGES ÉMIGRÉS.

— 9281, 9284, 9287, 9288.

ARMORICANI ÉMIGRÉS.

— 9269, 9297, 9298.

HELVETII.

— 9302 (à l'exergue, sur la gravure, il manque un point pour former la dernière lettre), 9304, 9305, 9306 (sous les chevaux, triquètre), 9309, 9311 (℞. Un seul cheval), 9313 (℞. Un seul cheval), 9322, 9340, (?)-9345, 9347, 9355, 9361.

GERMANI.

— 9364, 9365 (le trait indiqué par Muret, au ℞, n'est qu'une des jambes du sanglier), 9366, 9367, 9368, 9369, 9370, 9371, 9373, 9374, 9375, 9376, 9377.

VINDELICI.

— 9383, 9388, 9396.

IMITATIONS DE MONNAIES ÉDUENNES.

— 9408, 9401, 9411.

Pl. XXXIX. 9416, 9417, 9418 (le ℞, mal présenté sur la gravure, est à tourner d'un quart de cercle, le grand trait devant se présenter horizontalement).

BOII.

— 9419, 9421, 9422, 9423, 9424, 9432, 9427, (?)-9425, 9429, 9428, 9434, 9433, 9426; R. N. 1863, IV, 13; IV, 14; 9430, 9435, 9436, 9437, 9438, 9439, 9441, 9442 (il n'y a que trois annelets d'apparents), 9443, 9444, 9445 (le serpent est très indistinct), 9446; R. N. 1863, V, 20; V, 22; V, 24; V, 23; V, 25; V, 27; V, 29; V, 26; V, 28; R. N. 1863, p. 149.

Pl. XL. 9447, 9449, 9450, 9451, 9452, 9453, 9454, 9455, 9456, 9457, 9458, 9459, 9460, 9461, 9462, 9462^A^, 9463, 9464, 9467, 9468, 9470, 9471, 9472, 9473.

RAETII.

— 9474, 9475, 9476, 9477, 9478, 9479, 9482, 9484, 9485, 9486 (?) (le ℞ surtout est très interprété par le graveur), 9487, 9488, 9489 (le droit est un peu interprété par le graveur), 9490 (id.), 9491 (id.), 9492.

Pl. XLI. ILE DE BRETAGNE.

— 9493, 9494, 9495, 9497, 9498, 9503, 9504; Evans, pl. D, n° 1; Ev., D, 2; Ev., D, 5; Ev., D, 6; 9505 (rosace visible au-dessus du cheval), 9507, 9509; Ev., F, 5 (argent), 9513, 9527, 9529 (au droit, on ne voit distinctement que deux S; au ℞, la légende est peu nette et douteuse), 9531 (lisez ...TED), 9534 (un seul annelet centré, devant la face; au ℞, légende peu distincte); Ev., F, 10; Ev., F, 11; Ev., F, 12; Ev., G, 1; Ev., G, 2; Ev., G, 3; Ev., G, 4; 9537 (sous le cheval, symbole en forme d'écran rond, centré et rayonnant), 9538, 9540; Ev., H, 9; 9541; Ev., I, 1; Ev., I, 2; Ev., I, 1; Ev., I, 2; Ev., I, 3; 9545; Ev., I, 5; Ev., I, 6.

Pl. XLII. Evans, I, 7; Ev., I, 8 (Cf. 9529); Ev., I, 9 (Cf. 9534); Ev., I, 10; Ev., I, 11; Ev., I, 13; Ev., I, 14; Ev., II, 2; Ev., II, 4; Ev., II, 5; Ev., II, 6; Ev., II, 7; Ev., II, 8; Ev., II, 9; Ev., II, 10; Ev., II, 11; Ev., II, 12; Ev., II, 13; Ev., II, 14; Ev., III, 1; Ev., III, 3; Ev., III, 4; Ev., III, 5; Ev., III, 7 (Cf. 9552); Ev., III, 8; Ev., III, 9; Ev., III, 11; Ev., III, 12; Ev., III, 13; Ev., III, 14; Ev., IV, 1; Ev., IV, 2; Ev., IV, 4; 9555; Ev., IV, 10; Ev., IV, 11; Ev., IV, 12; Ev., IV, 13; Ev., IV, 14; Ev., V, 1.

IMITATIONS DE MONNAIES DE PHILIPPE II.

IMITATIONS DE MONNAIES MACÉDONIENNES.

IMITATIONS DE MONNAIES DE THASOS.

IMITATIONS DE MONNAIES DE LYSIMAQUE
ET D'ALEXANDRE.

IMITATIONS DE MONNAIES DE LARISSA
ET DE PHILIPPE II.

IMITATIONS DE MONNAIES DIVERSES.

BOII DE LA TRANSPADANE.

IMITATIONS DE DENIERS
DE LA RÉPUBLIQUE ROMAINE.

10073 (à l'exergue du ℞, ONKN ou VNKN), 10074, 10075, 10076, 10078, 10079, 10083 (le ℞ est une copie défigurée d'un denier de la famille Roscia, représentant une jeune fille donnant à manger à un serpent), 10085, 10086, 10087, 10088, 10090, 10092, 10094, 10097, 10101, 10102, 10103, 10110, 10111.

Pl. LIV. 10114 (la tête est imberbe), 10115, 10121, 10122 (℞. Il n'y a que trois chevaux), 10065 (monnaie semblable à celle de la pl. LIII, 10063), 10117, 10120.

GAULOIS EN PANNONIE.

— 10141, 10144, 10145, 10151, 10153, 10154 (au lieu de NOWOS, lisez : NOʍO...), 10155, 10156, 10157, 10159, 10160, 10162, 10163, 10164, 10165, 10166, 10170, 10177, 10182, 10180, 10183, 10184.

COLLECTION DANICOURT, AU MUSÉE DE PÉRONNE.

Pl. LV. D. 1 (Cf. pl. VI, 2425), D. 2 (Cf. pl. VIII et n° 2336[A]), D. 3 (Cf. pl. XI, 3736), D. 4 (Cf. pl. XI, 3736), D. 5 (Cf. pl. XI, 3751), D. 6 (Cf. pl. XII, 3777), D. 7, D. 8 (Cf. pl. XIII, 4535), D. 9, D. 10 (Cf. pl. XV, 4599, et pl. XXV, 10412), D. 11 (Ne fait plus partie de la collection Danicourt. Cf. 6728), D. 12 (Cf. pl. XXIII, 6818), D. 13 (Cf. pl. XXVII, 7015), D. 14 (Cf. pl. XXVIII, 7017), D. 15 (Cf. pl. XXX, 7565), D. 16 (Cf. pl. XXXI, 7617), D. 17 (Ne fait plus partie de la collection Danicourt. Cf. pl. XXXI, 7690), D. 18 (Cf. 7777), D. 19 (Cf. 7798), D. 20 (*Rev. archéol.*, 1886, 3e série, t. VII, pl. III, 9. — Cf. pl. XXXIII, 10379), D. 21 (*Rev. archéol.*, 1886, 3e série, t. VII, pl. III, 1), D. 22 (Cf. pl. XXXV, 8673), D. 23 (*Rev. archéol.*, 1886, 3e série, t. VII, pl. III, 18), D. 24 (Ne fait plus partie de la collection Danicourt. Cf. 10204), D. 25 (Cf. pl. XXXII, 7878), D. 26 (*Rev. archéol.*, 1886, 3e série, t. VII, pl. III, 5. — Cf. pl. XXXV, 8673), D. 27 (Cf. pl. XXXIV, 8680), D. 28 (Cf. 8728 et pl. XXXV), D. 29 (Cf. pl. XXXVI, 8815), D. 30 (Cf. pl. XXXVI, 8937), D. 31 (Cf. pl. XL, 9474), D. 32, D. 33 (Cf. pl. XLII, Ev. II, 10), D. 34 (Cf. pl. XLIII, Ev. V, 10), D. 35 (Cf. pl. XLV, Ev. XIV, 9), D. 36 (Cf. 9580), D. 37, D. 38, D. 39, D. 40, D. 41, D. 42, D. 43, D. 44 (*Rev. archéol.*, 1886, 3e série, t. VII, pl. III, 20), D. 45.

INDEX ALPHABÉTIQUE

151 — Ar.

24 — Ar.

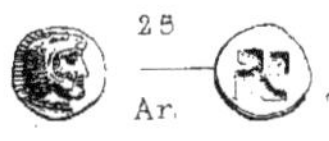
25 Ar.

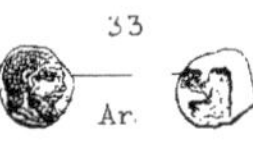
33 Ar.

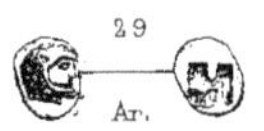
29 Ar.

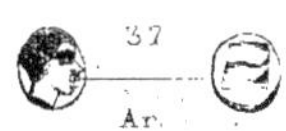
37 Ar.

48 Ar.

94 Ar.

150 Ar.

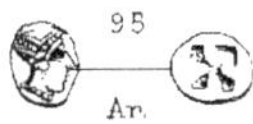
95 Ar.

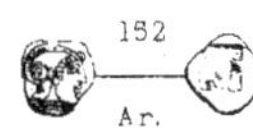
152 Ar.

138 Ar.

87 Ar.

188 Ar.

86 Ar.

336 Ar.

324 Ar.

303 Ar.

253 Ar.

267 Ar.

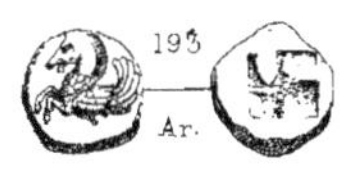
193 Ar.

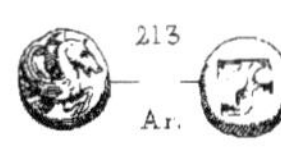
213 Ar.

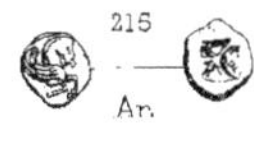
215 Ar.

200 Ar.

234 Ar.

221 Ar.

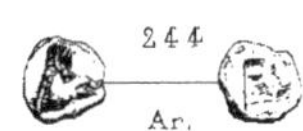
244 Ar.

469 Ar.

84 Ar.

296 Ar.

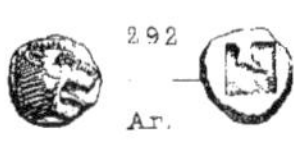
292 Ar.

276 Ar.

272 Ar.

270 Ar.

468 Ar.

472 Ar.

356 Ar.

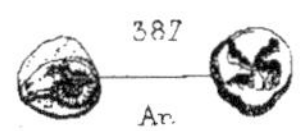
387 Ar.

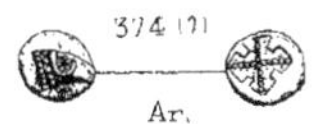
374 (?) Ar.

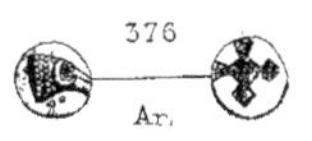
376 Ar.

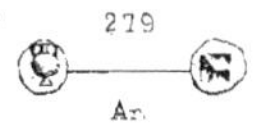
279 Ar.

L. Dardel sc.

Imp. Dumas Vorzet

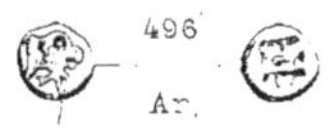
496 Ar.

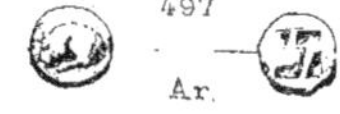
497 Ar.

499 Ar.

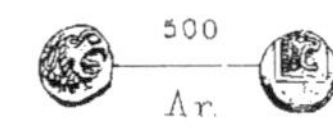
500 Ar.

8 Ar.

10 Ar.

504 Ar.

508 Ar.

510 Ar.

511 Ar.

520 Ar.

524 Ar.

516 Ar.

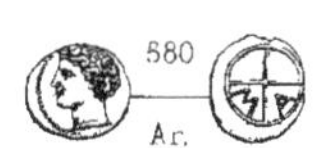
580 Ar.

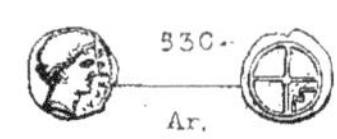
530 Ar.

Mus de Marseille (A) Ar.

533 Ar.

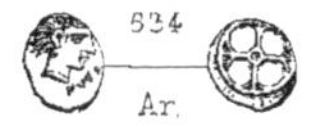
534 Ar.

528 Ar.

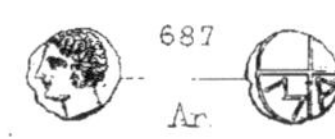
687 Ar.

689 Ar.

681 Ar.

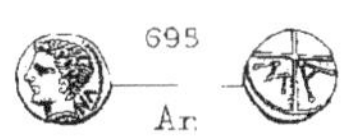
695 Ar.

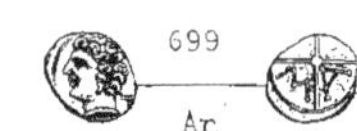
699 Ar.

574 Ar.

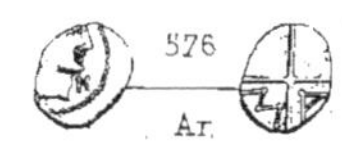
576 Ar.

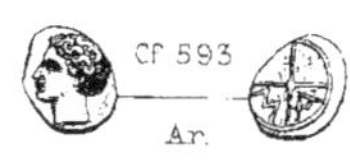
Cf 593 Ar.

Mus de Marseille (B) Ar.

785 Ar.

786 Ar.

794 Ar.

797 Ar.

L. Dardel sc.

Imp Dumas Vorzet

MASSILIA (Suite)

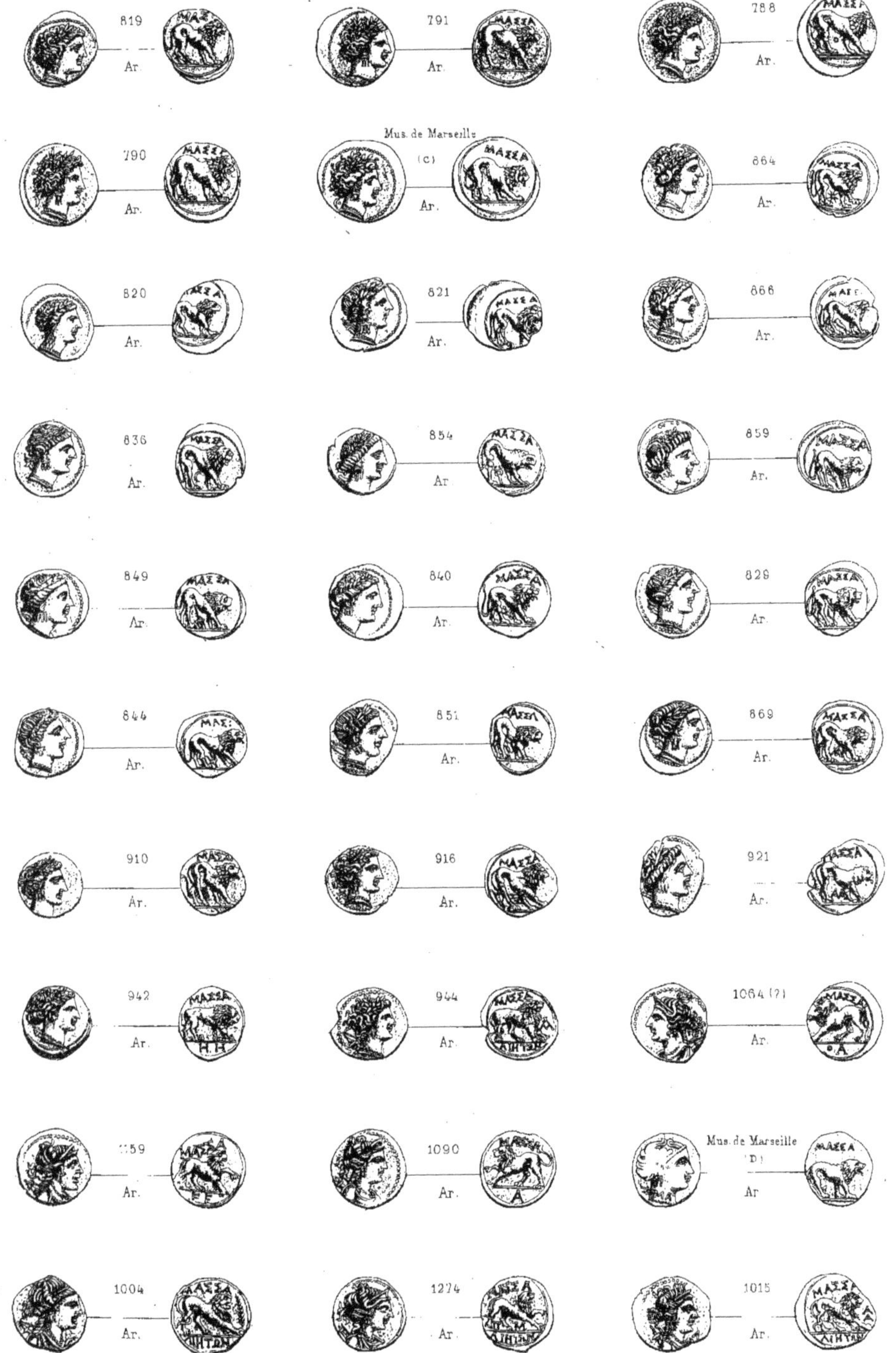

L. Dardel sc.

Imp. Dumas Vorzet

MASSILIA (Suite)

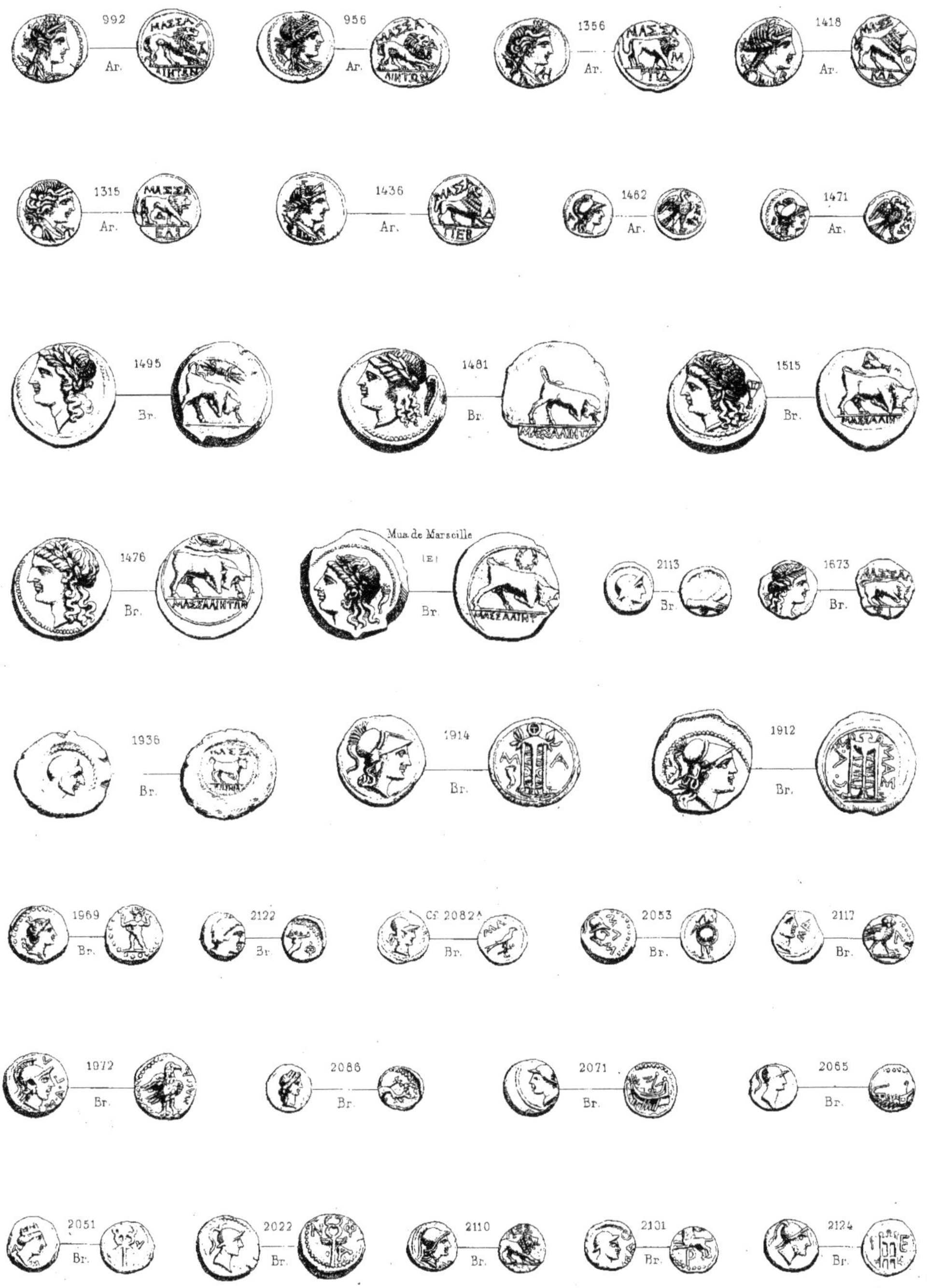

992 Ar. — 956 Ar. — 1356 Ar. — 1418 Ar.

1315 Ar. — 1436 Ar. — 1462 Ar. — 1471 Ar.

1495 Br. — 1481 Br. — 1515 Br.

1476 Br. — Mus. de Marseille (E) Br. — 2113 Br. — 1673 Br.

1936 Br. — 1914 Br. — 1912 Br.

1969 Br. — 2122 Br. — Cf. 2082 A Br. — 2053 Br. — 2117 Br.

1972 Br. — 2086 Br. — 2071 Br. — 2065 Br.

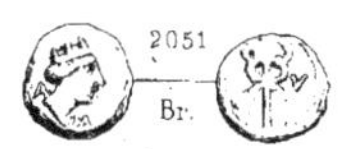
2051 Br.

2022 Br.

2110 Br.

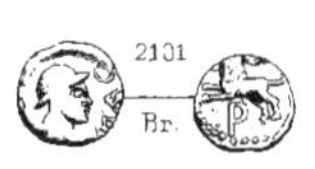
2101 Br.

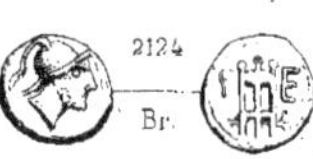
2124 Br.

L. Dardel sc.

Imp. Dumas Vorzet

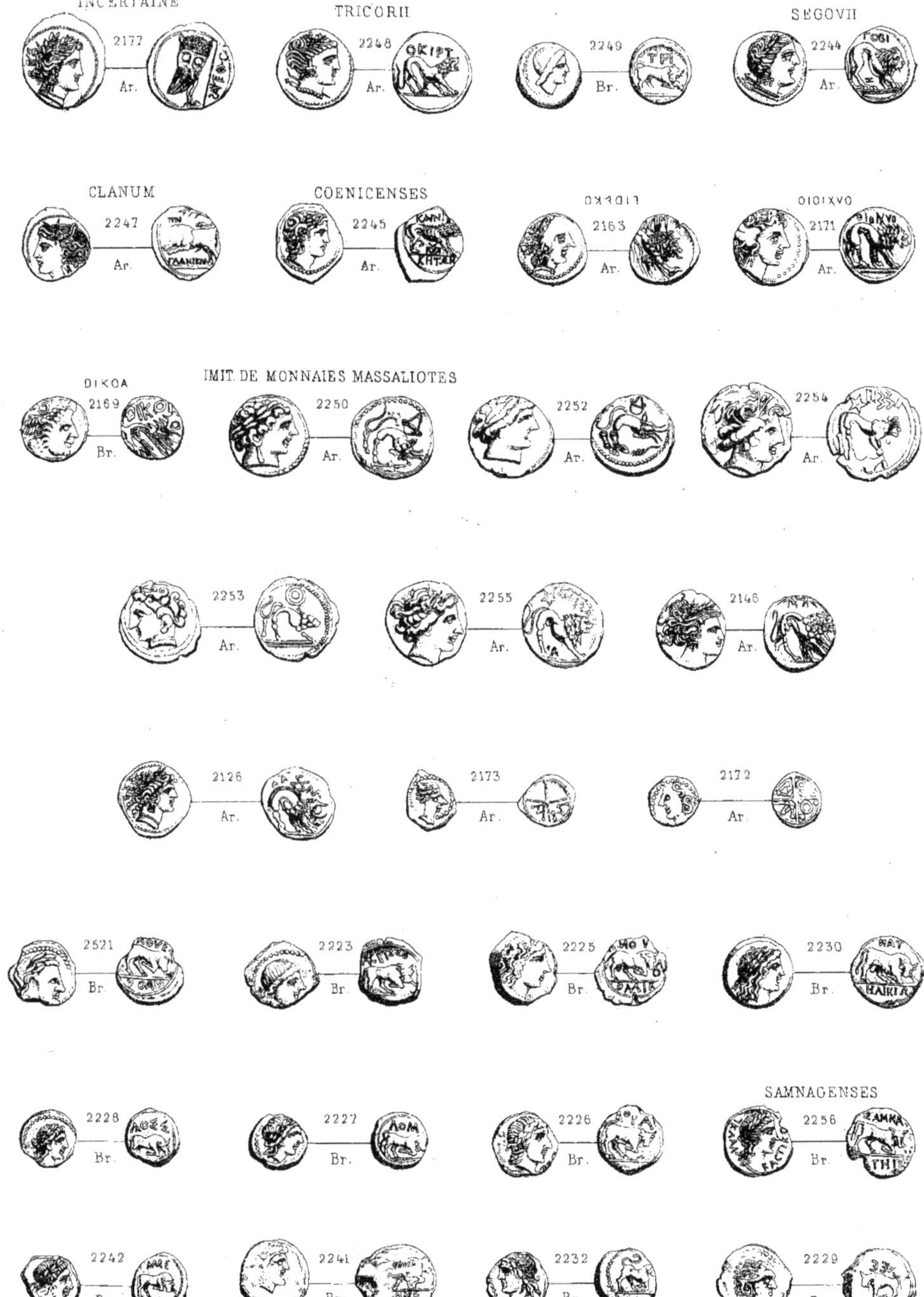

L. Dardel sc.

Imp. Dumas Vorzet

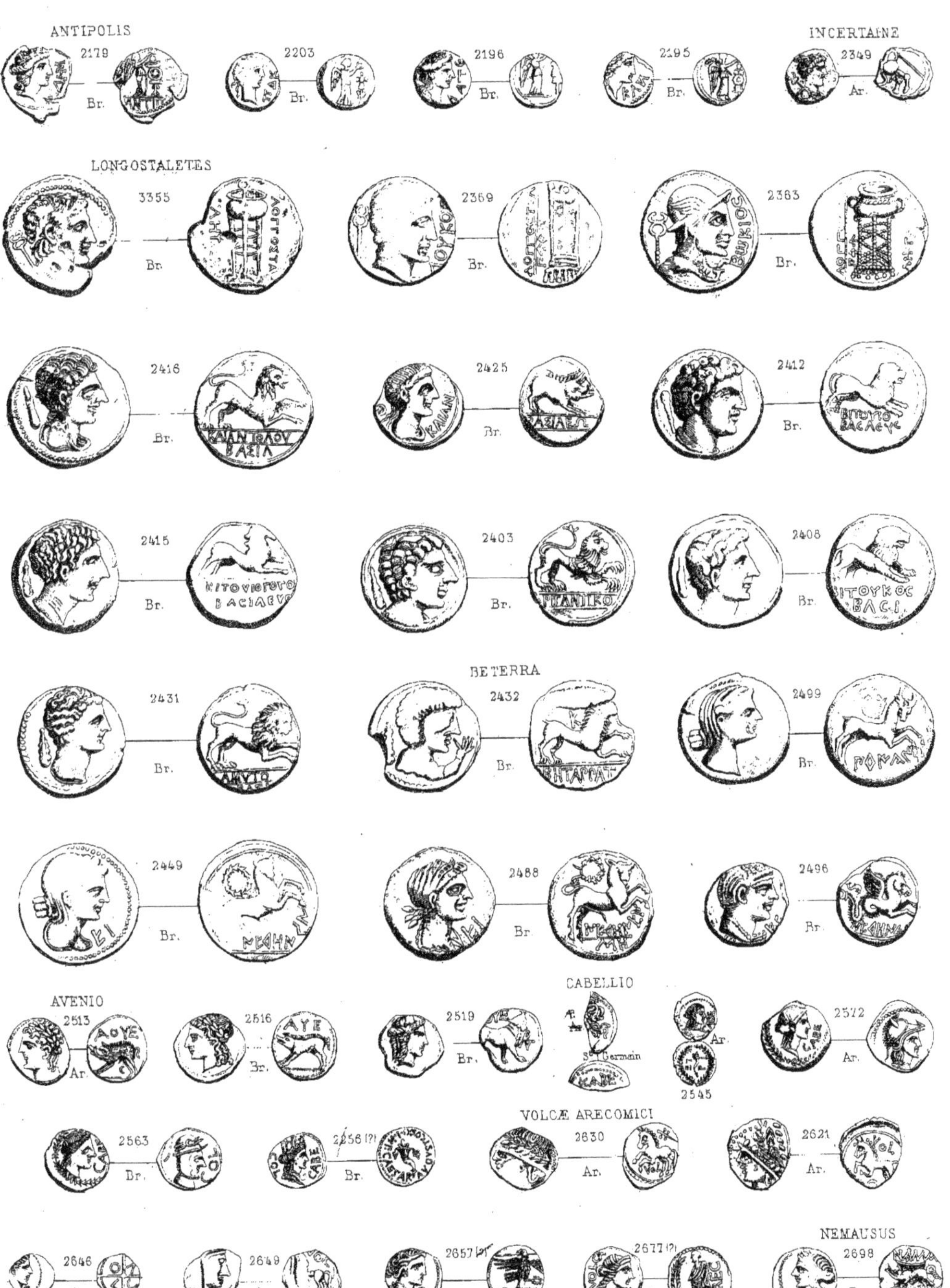

L. Dardel sc.

Imp. Dumas Vorzet

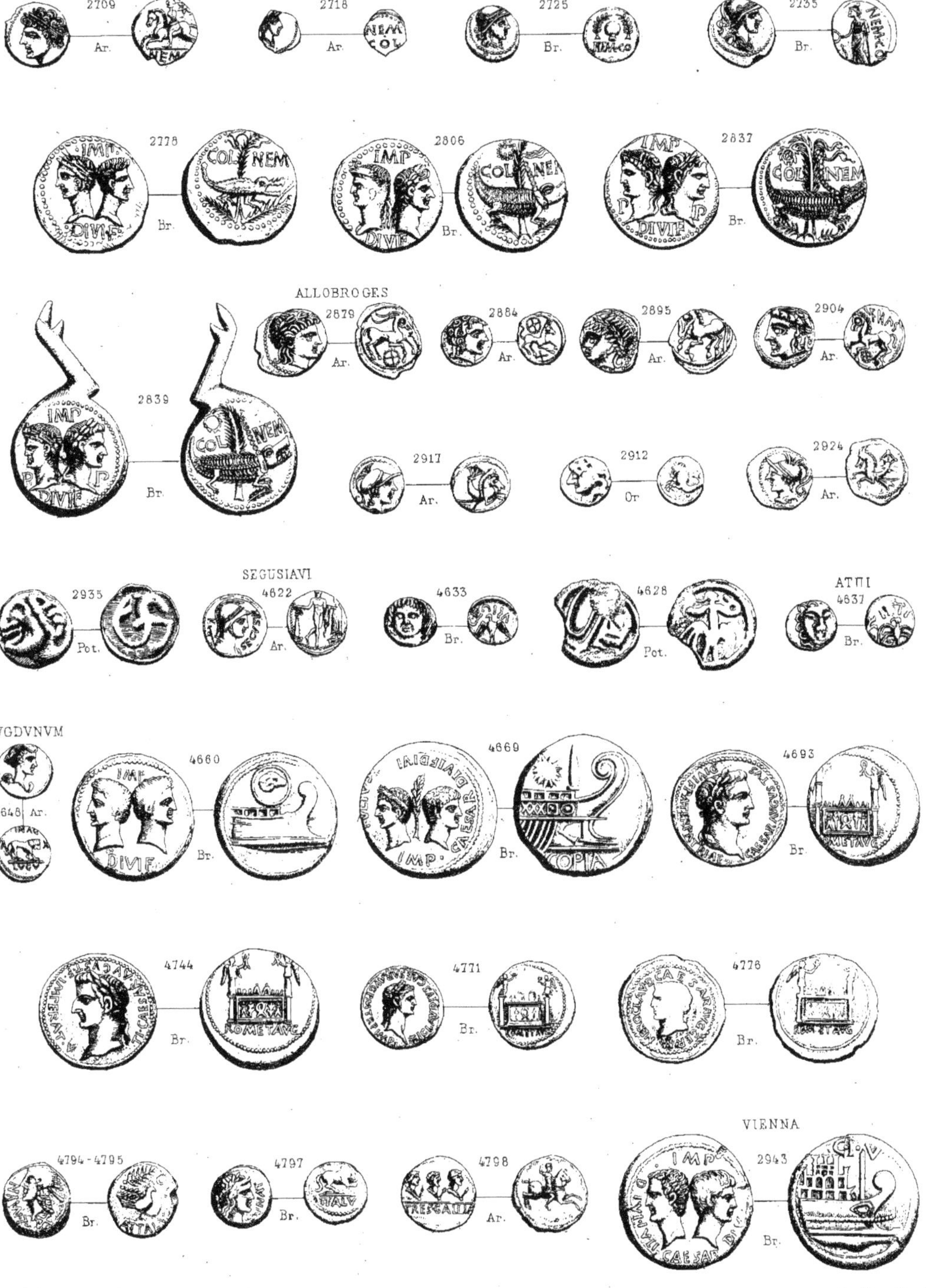

L. Dardel sc.

Imp. Dumas Vorzet.

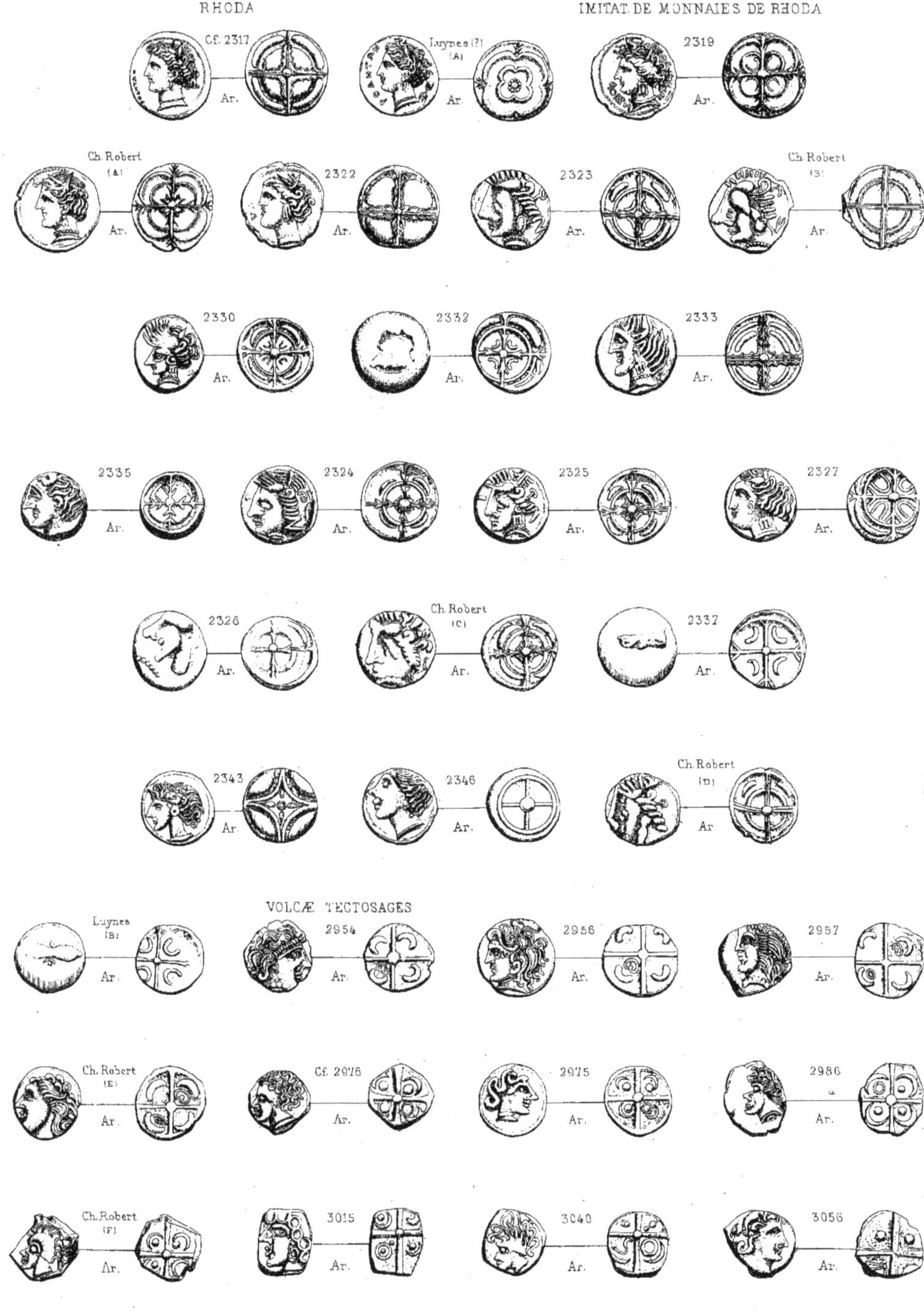

L. Dardel sc.

Imp. Dumas Vorzet

VOLCÆ TECTOSAGES (Suite)

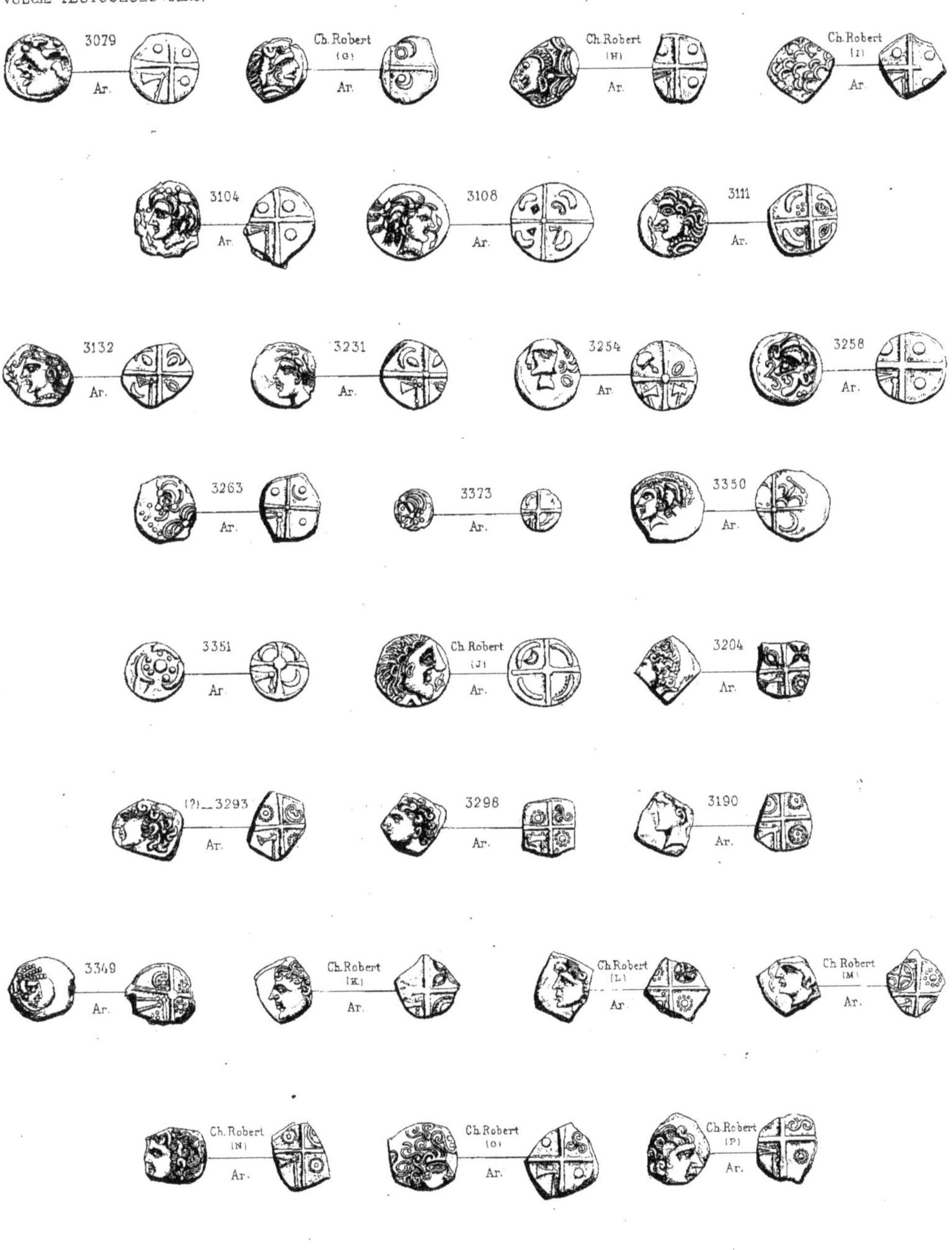

L. Dardel sc. Imp. Dumas Vorzet

VOLCÆ TECTOSAGES (Suite)

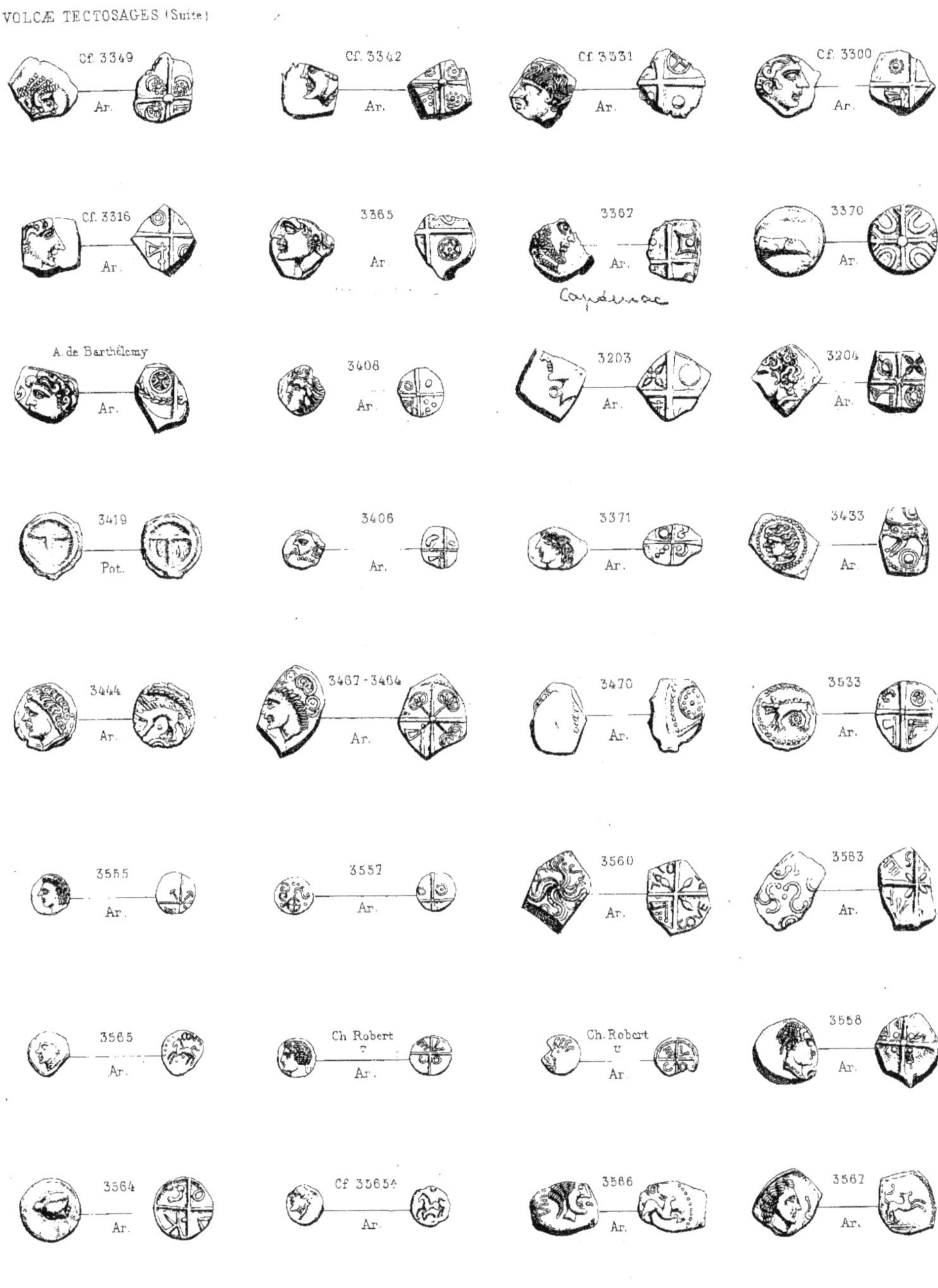

L. Dardel sc

Imp. Dumas Vorzet

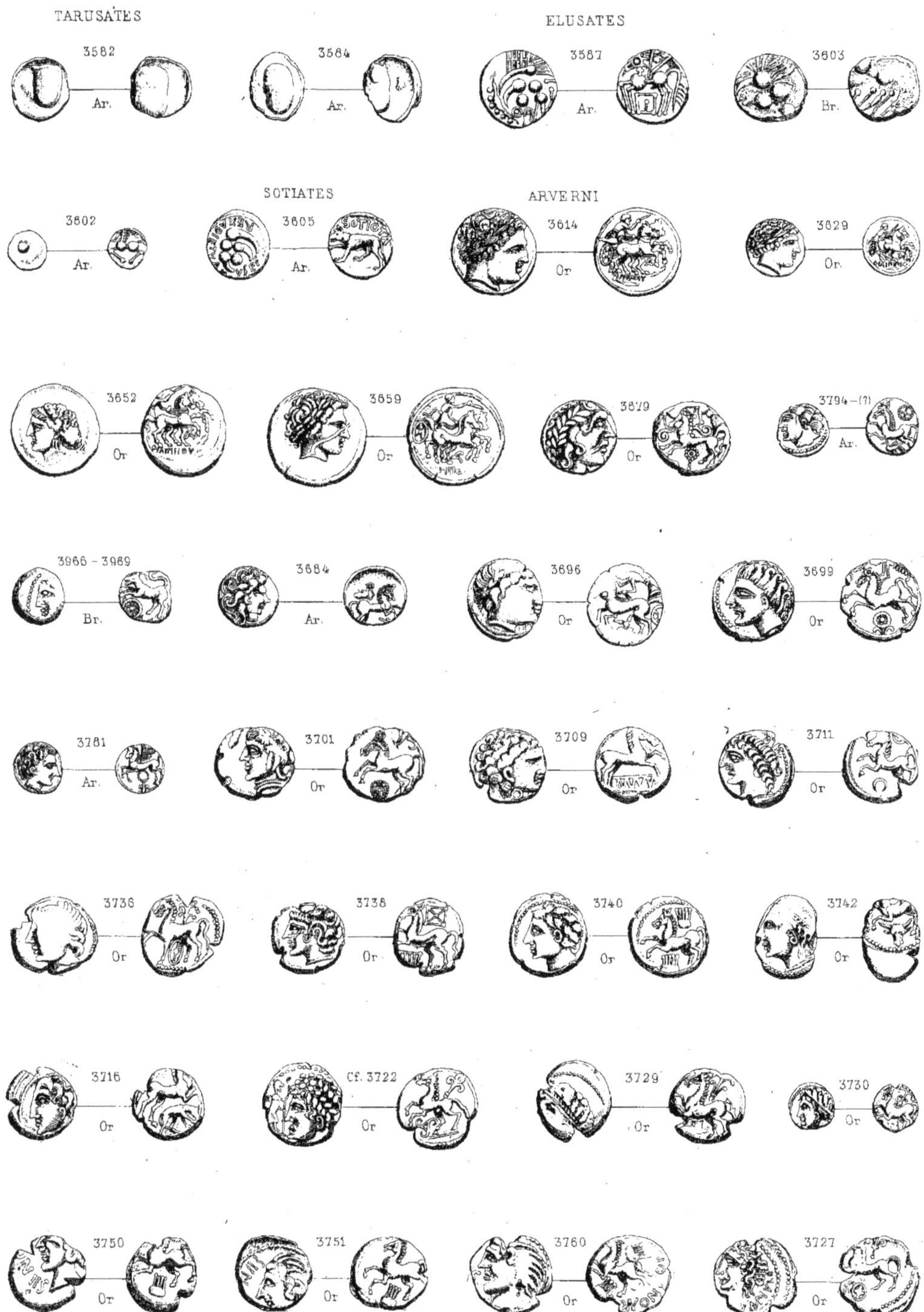
TARUSATES
3582
Ar.
3584
Ar.
ELUSATES
3587
Ar.
3603
Br.
3602
Ar.
SOTIATES
3605
Ar.
ARVERNI
3614
Or
3629
Or.
3652
Or
3659
Or
3679
Or
3794-(?)
Ar.
3966 - 3969
Br.
3684
Ar.
3696
Or
3699
Or
3781
Ar.
3701
Or
3709
Or
3711
Or
3736
Or
3738
Or
3740
Or
3742
Or
3716
Or
Cf. 3722
Or
3729
Or
3730
Or
3750
Or
3751
Or
3760
Or
3727
Or

ARVERNI (Suite)

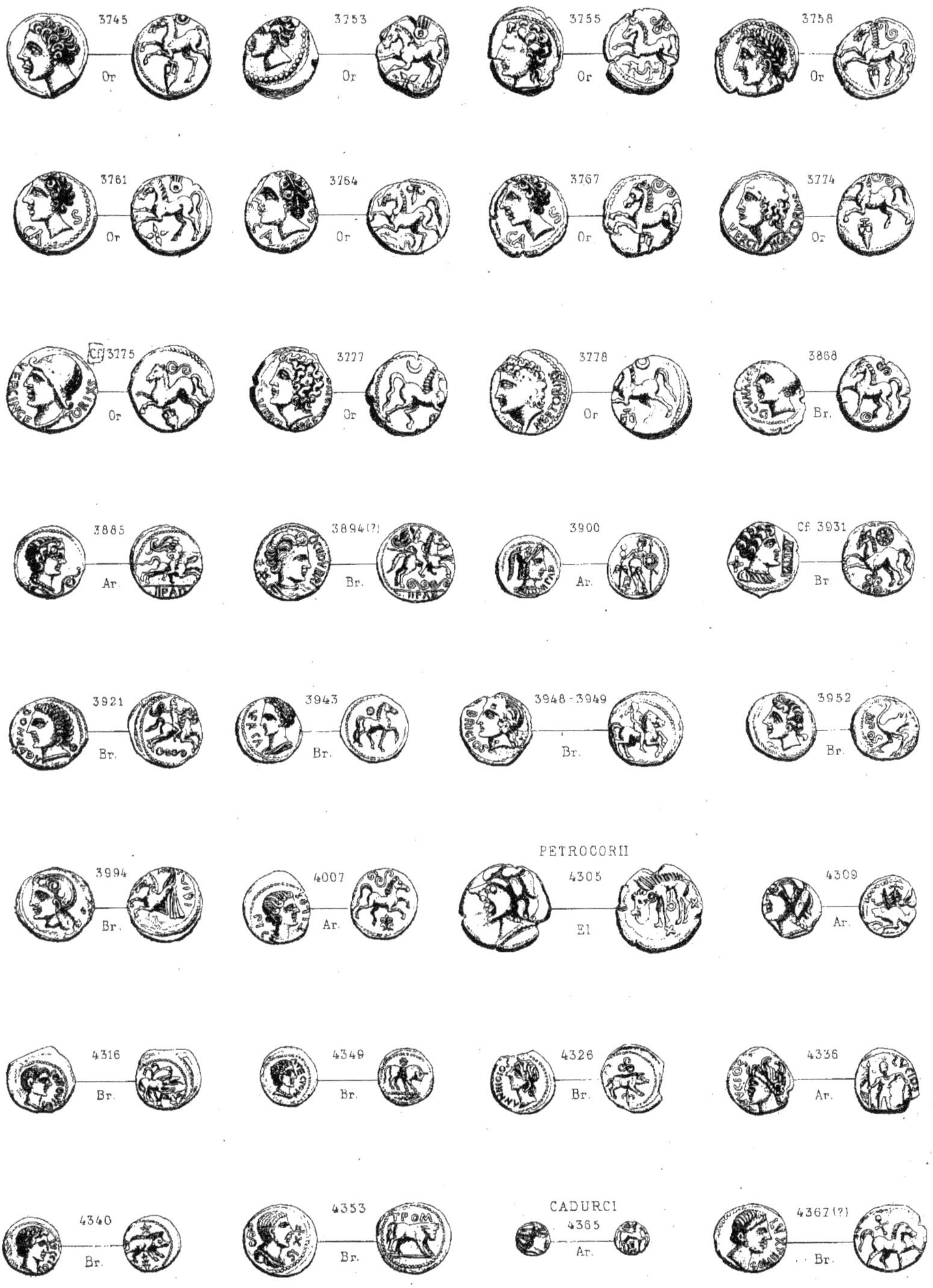

3745 Or — 3753 Or — 3755 Or — 3758 Or

3761 Or — 3764 Or — 3767 Or — 3774 Or

Cf. 3775 Or — 3777 Or — 3778 Or — 3868 Br.

3885 Ar. — 3894 (?) Br. — 3900 Ar. — Cf. 3931 Br.

3921 Br. — 3943 Br. — 3948-3949 Br. — 3952 Br.

3994 Br. — 4007 Ar.

PETROCORII

4305 El — 4309 Ar.

4316 Br. — 4349 Br. — 4326 Br. — 4336 Ar.

4340 Br.

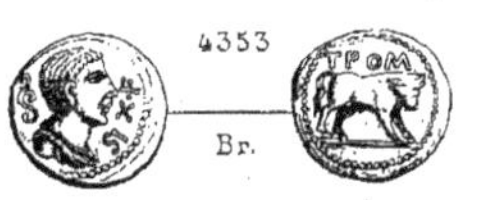

4353 Br.

CADURCI

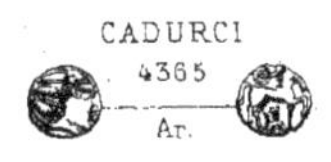

4365 Ar.

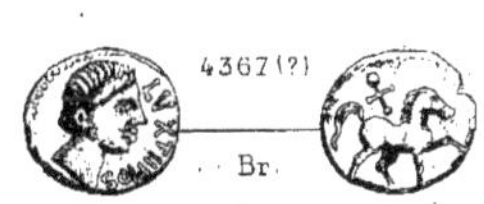

4367 (?) Br.

L. Dardel sc. — Imp. Dumas Vorzet

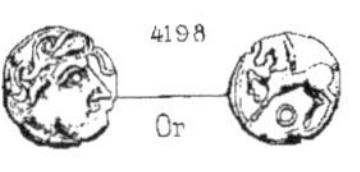

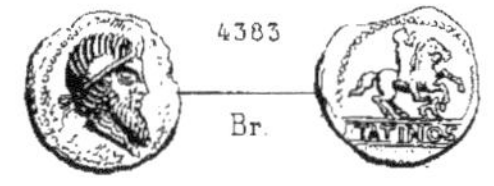

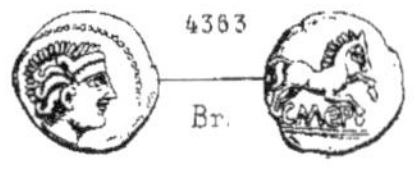

PICTONES

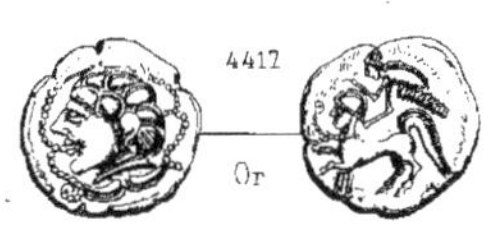

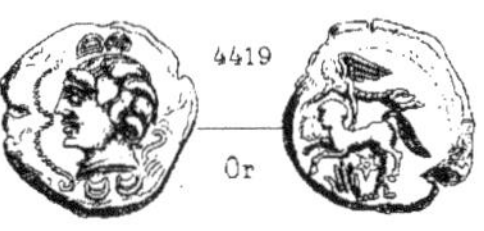

BITURIGES CUBI

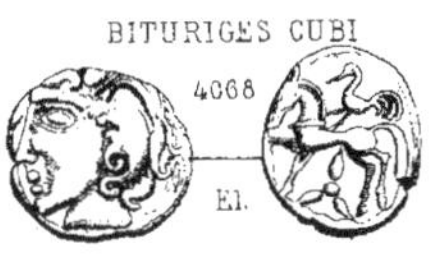

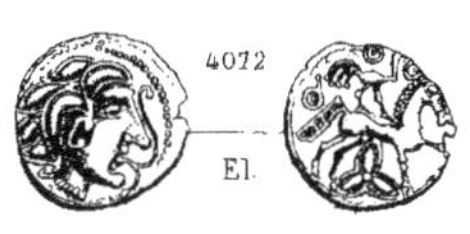

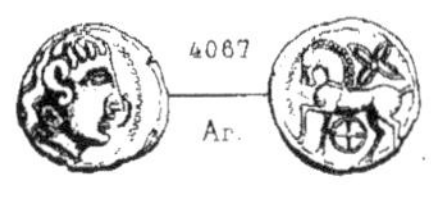

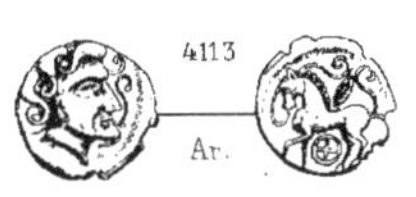

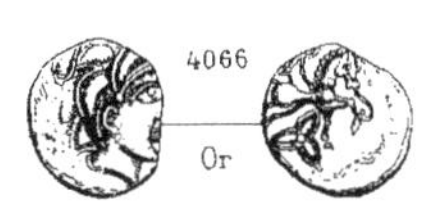

PICTONES

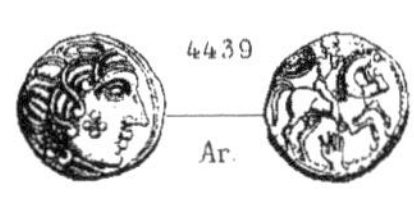

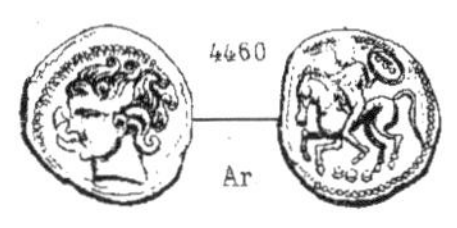

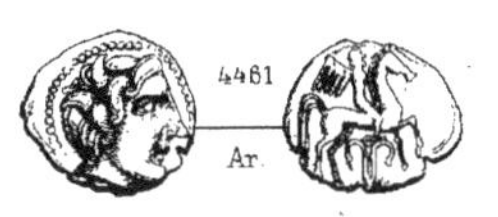

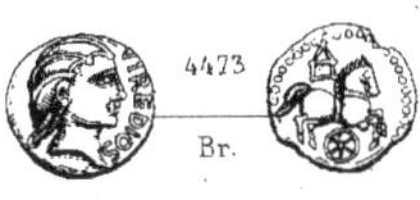

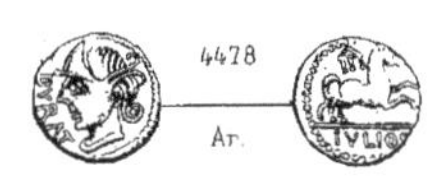

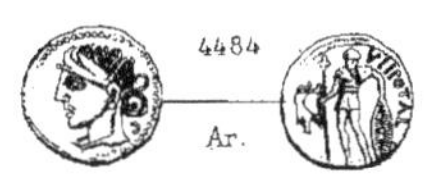

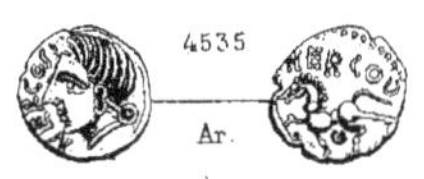

SANTONES

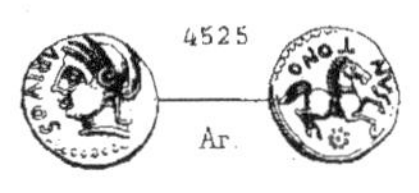

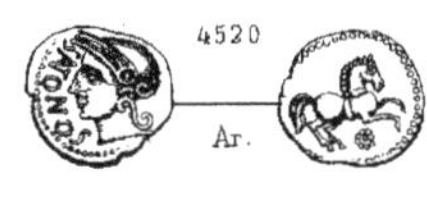

LEMOVICES

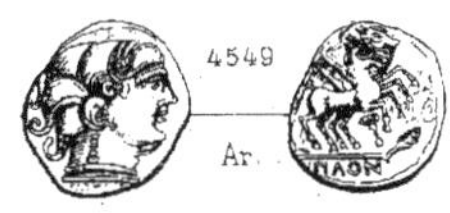

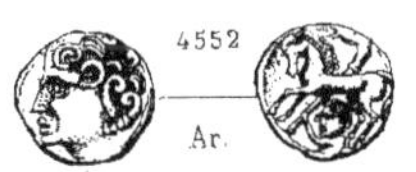

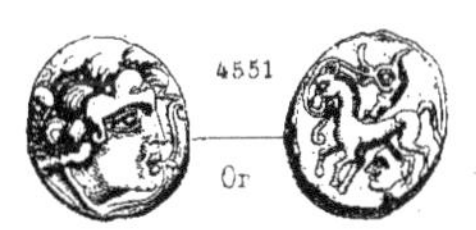

L. Dardel sc. — Imp. Dumas Vorzet

LEMOVICES (Suite)

4560 Ar.

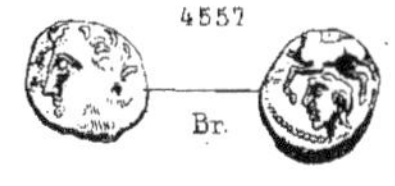
4557 Br.

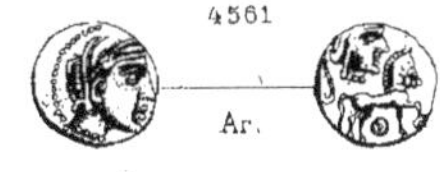
4561 Ar.

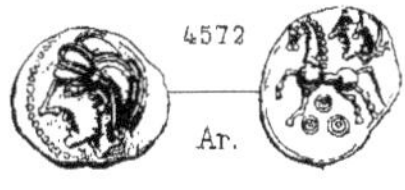
4572 Ar.

4578 ? Br.

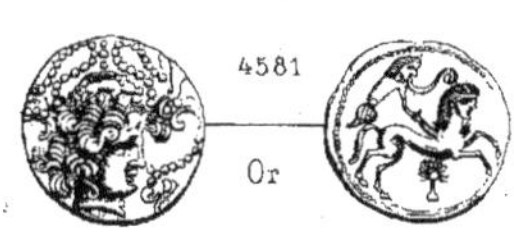
4581 Or

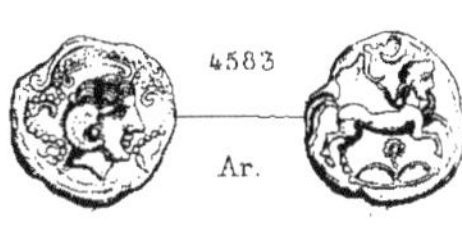
4583 Ar.

BITURIGES CUBI

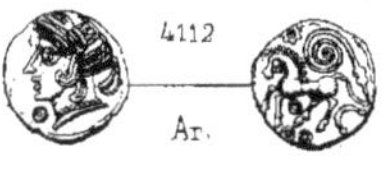
4112 Ar.

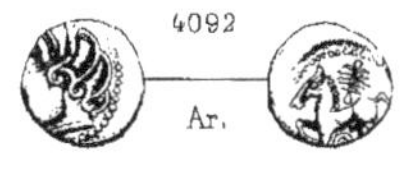
4092 Ar.

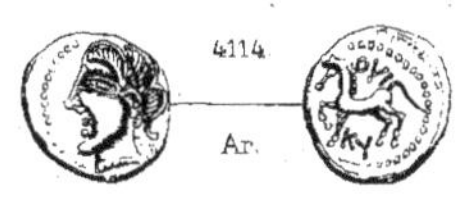
4114 Ar.

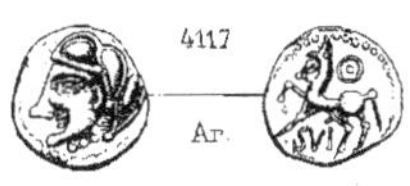
4117 Ar.

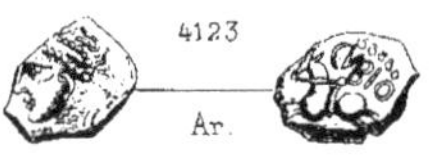
4123 Ar.

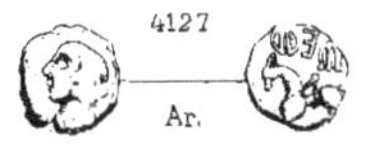
4127 Ar.

4117 Ar.

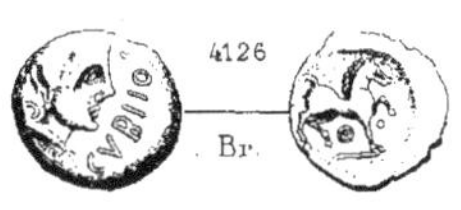
4126 Br.

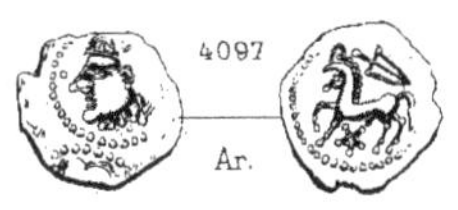
4097 Ar.

4108 Ar.

4131 Ar.

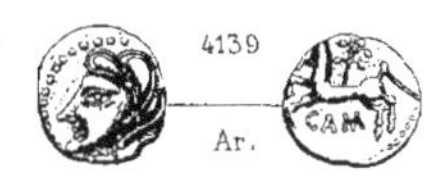
4139 Ar.

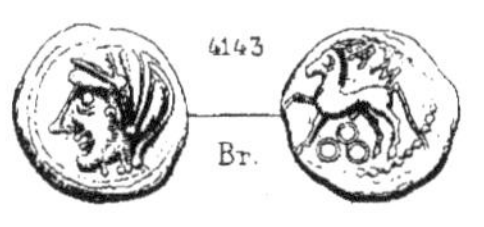
4143 Br.

(?) — 4147 Or

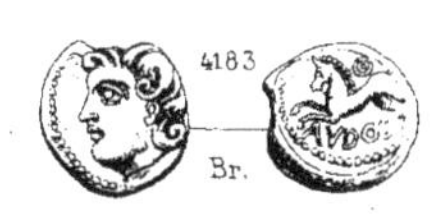
4183 Br.

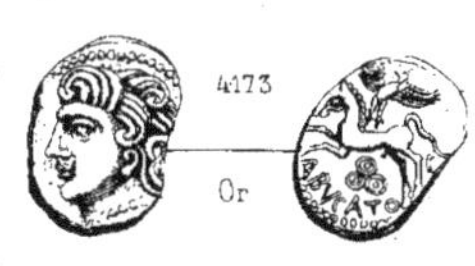
4173 Or

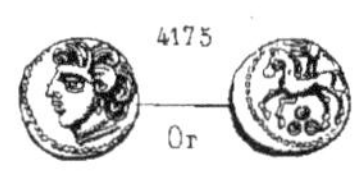
4175 Or

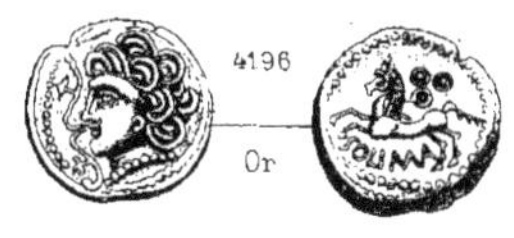
4196 Or

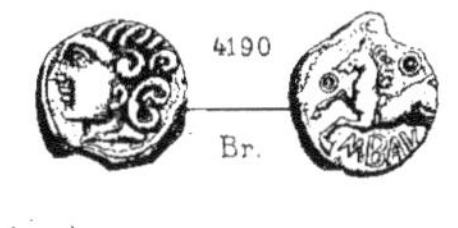
4190 Br.

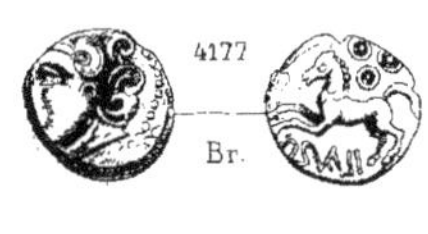
4177 Br.

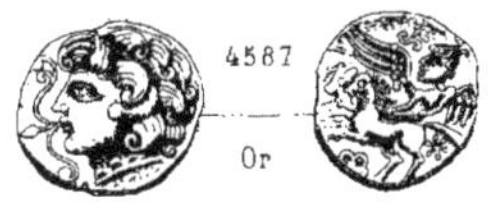
4587 Or

4588 Or

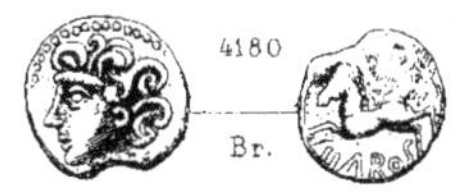
4180 Br.

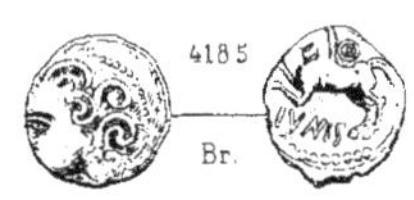
4185 Br.

Dardel sc. Imp. Dumas Vorzet

INCERTAINES

4590 Ar.

4589 Or

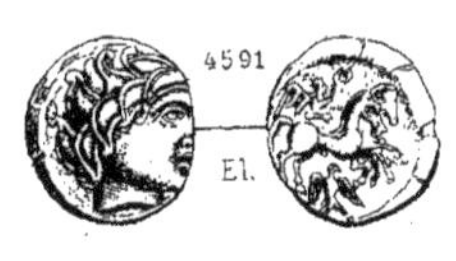
4591 El.

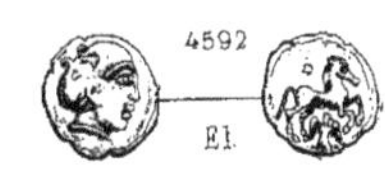
4592 El.

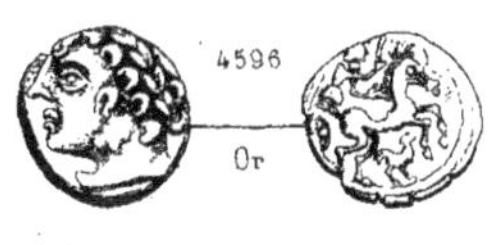
4596 Or

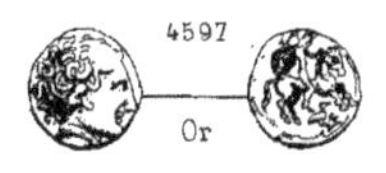
4597 Or

4599 Ar.

ÆDUI

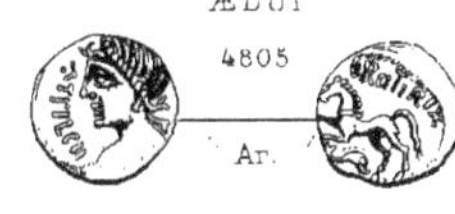
4805 Ar.

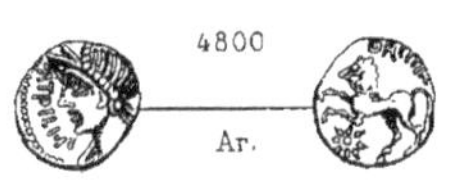
4800 Ar.

4819 Ar.

Cf. 4823 _ 4824 Ar.

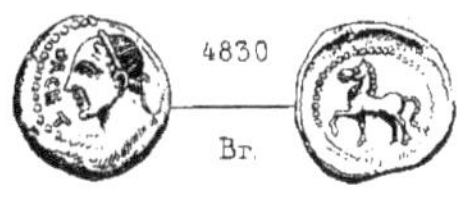
4830 Br.

4832 Or

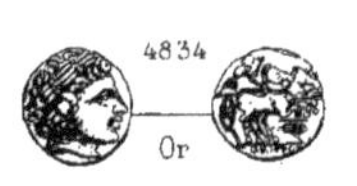
4834 Or

4835 Or

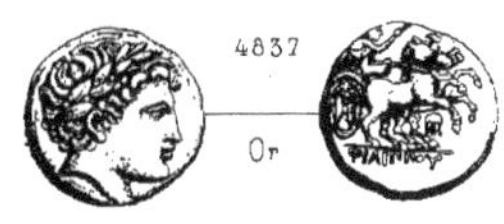
4837 Or

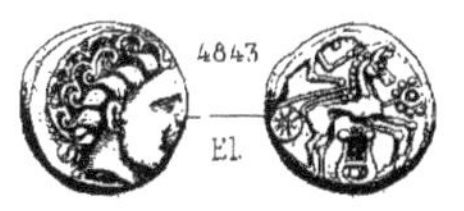
4843 El.

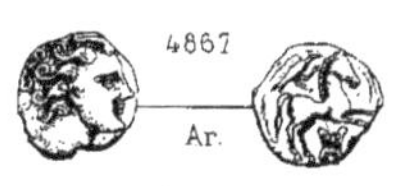
4867 Ar.

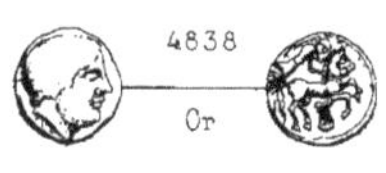
4838 Or

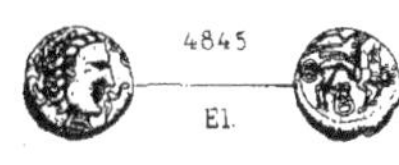
4845 El.

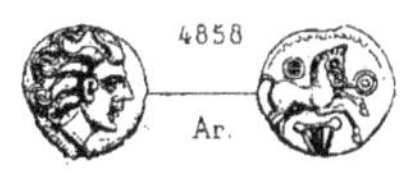
4858 Ar.

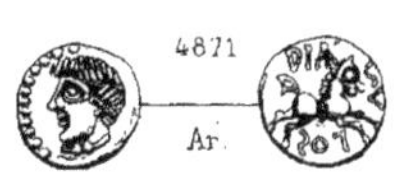
4871 Ar.

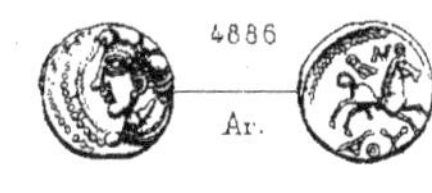
4886 Ar.

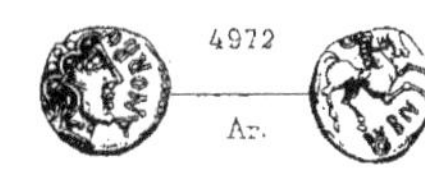
4972 Ar.

5044 Ar.

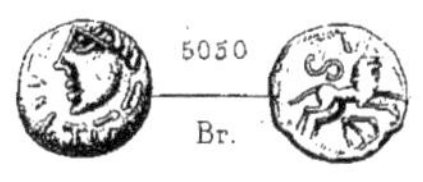
5050 Br.

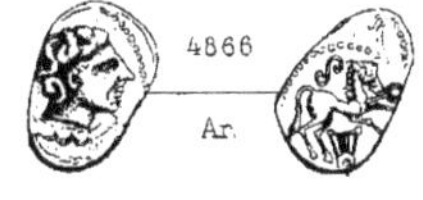
4866 Ar.

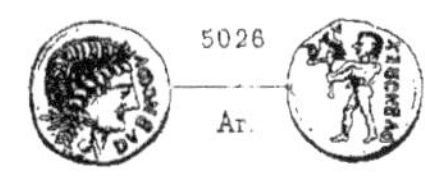
5026 Ar.

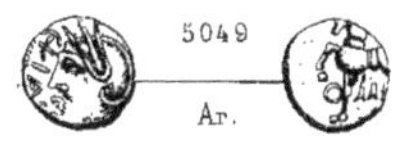
5049 Ar.

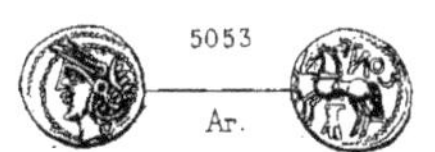
5053 Ar.

5072 Ar.

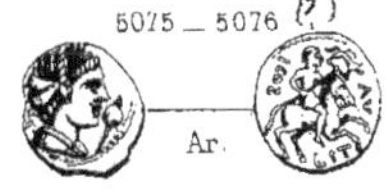
5075 _ 5076 (?) Ar.

L. Dardel sc

Imp Dumas Vorzet

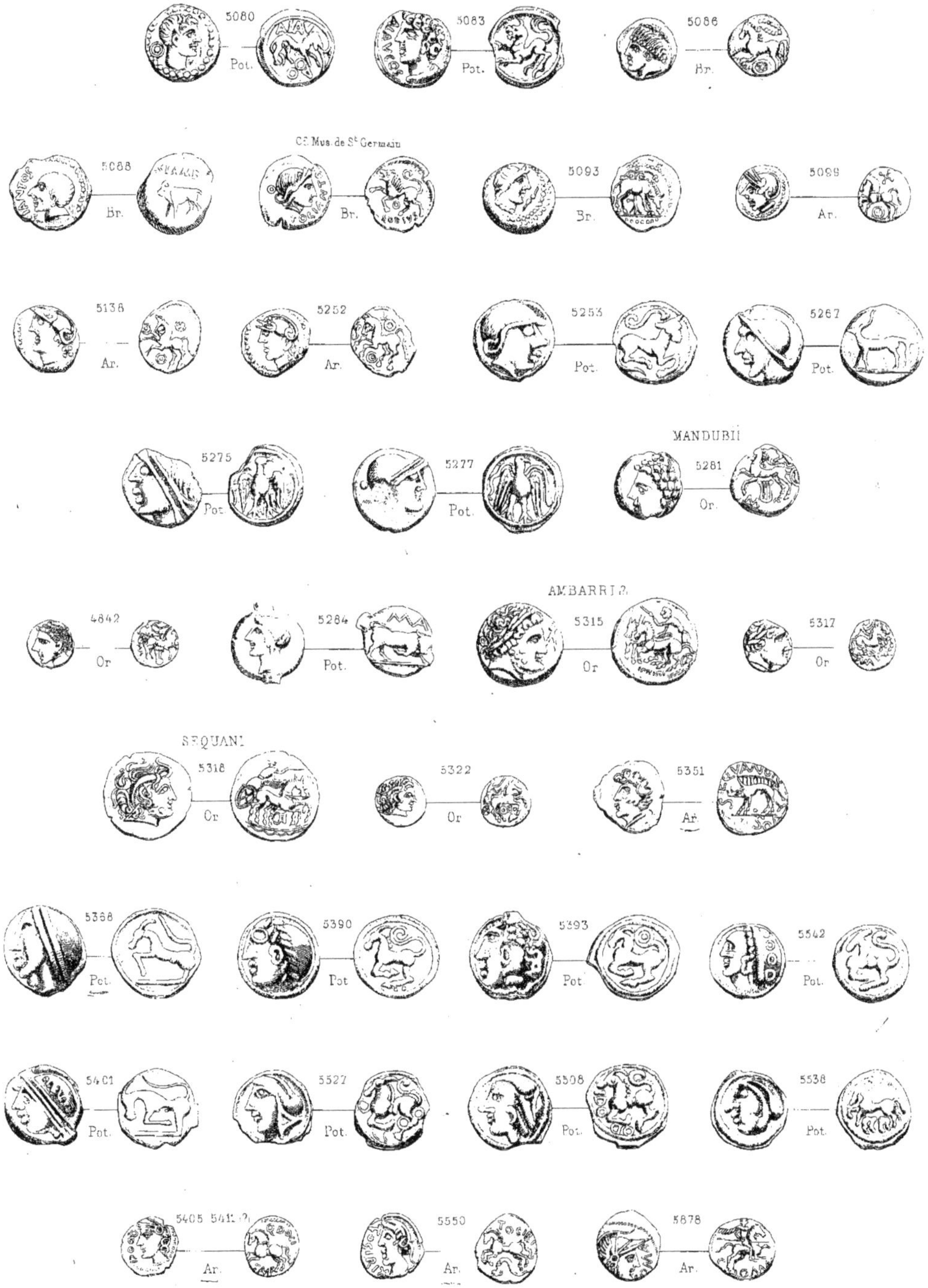

ÆDUI (Suite)

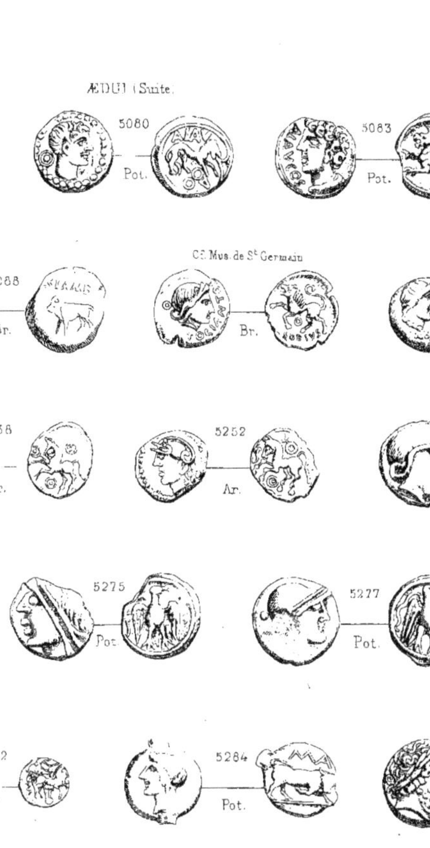

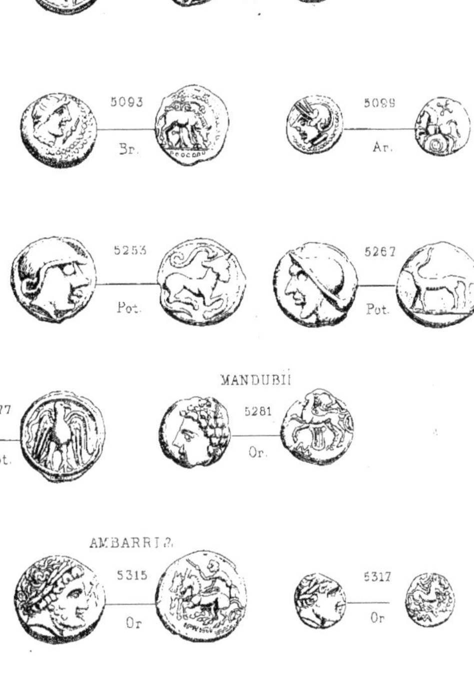

5080 Pot. — 5083 Pot. — 5086 Br.

5088 Br. — CF. Mus. de St Germain Br. — 5093 Br. — 5099 Ar.

5136 Ar. — 5252 Ar. — 5253 Pot. — 5267 Pot.

5275 Pot. — 5277 Pot.

MANDUBII

5281 Or.

4842 Or — 5284 Pot.

AMBARRI ?

5315 Or — 5317 Or

SEQUANI

5318 Or — 5322 Or — 5351 Ar.

5368 Pot. — 5390 Pot — 5393 Pot — 5542 Pot.

5401 Pot. — 5527 Pot. — 5508 Pot. — 5538 Pot.

5405 5411 (?) Ar. — 5550 Ar. — 5878 Ar.

Dardel sc — Imp. Dumas Vorzet

SEQUANI (Suite)

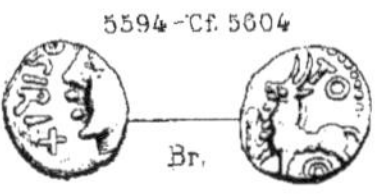
5594 - Cf. 5604 — Br.

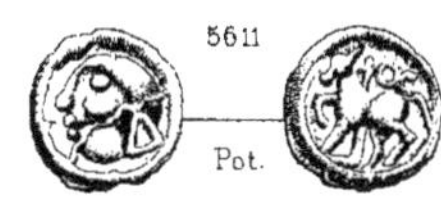
5611 — Pot.

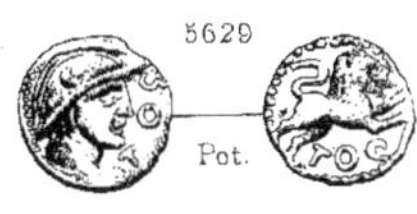
5629 — Pot.

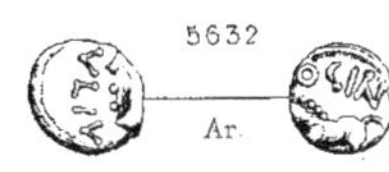
5632 — Ar.

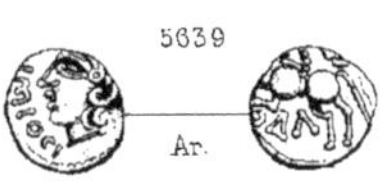
5639 — Ar.

IMITAT. DES DENIERS ROMAINS AU TYPE DES DIOSCURES

5715 — Ar.

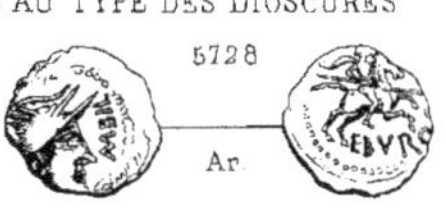
5728 — Ar.

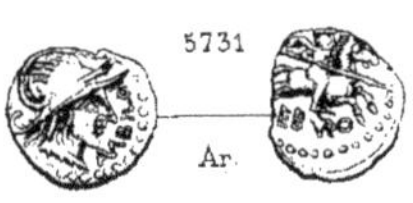
5731 — Ar.

5719 — Ar.

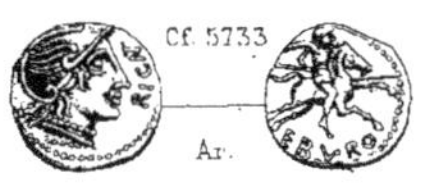
Cf. 5733 — Ar.

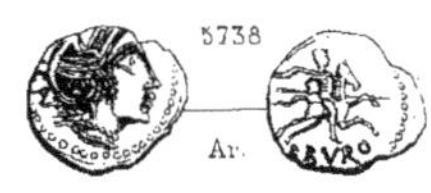
5738 — Ar.

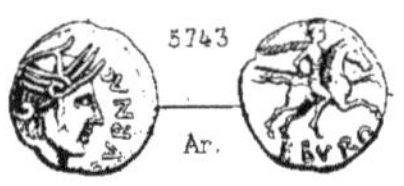
5743 — Ar.

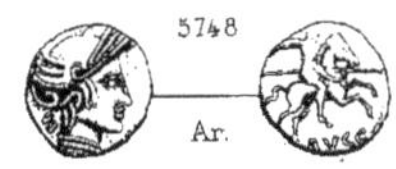
5748 — Ar.

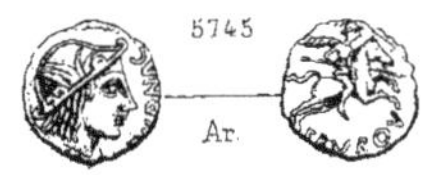
5745 — Ar.

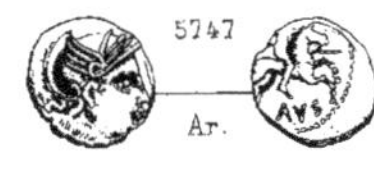
5747 — Ar.

5762 — Ar.

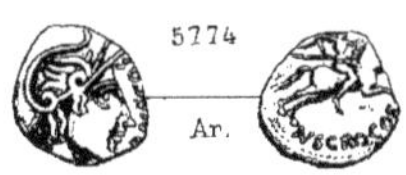
5774 — Ar.

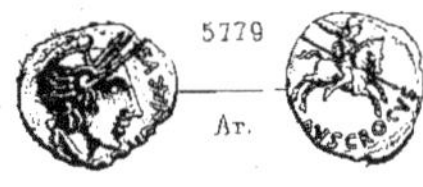
5779 — Ar.

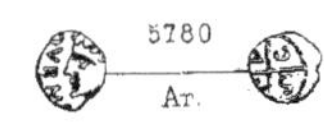
5780 — Ar.

5795 — Ar.

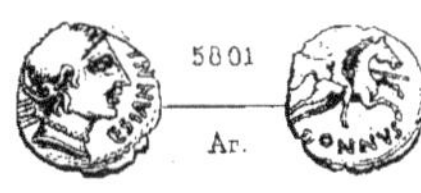
5801 — Ar.

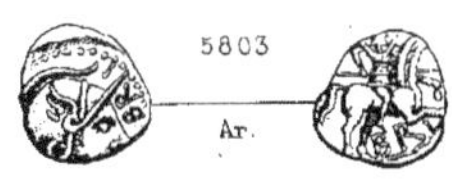
5803 — Ar.

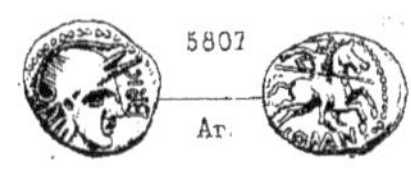
5807 — Ar.

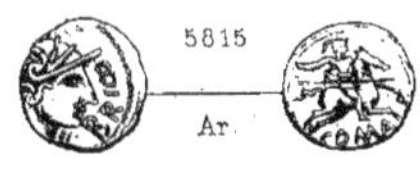
5815 — Ar.

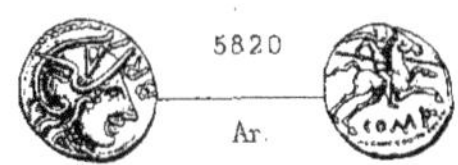
5820 — Ar.

5838 — Ar.

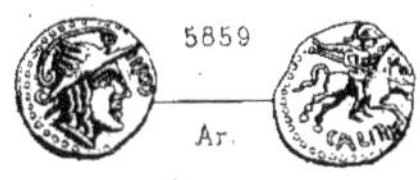
5859 — Ar.

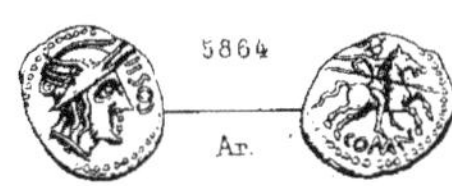
5864 — Ar.

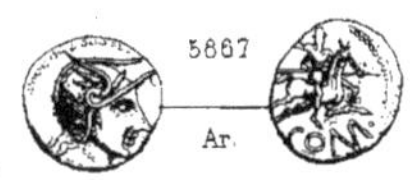
5867 — Ar.

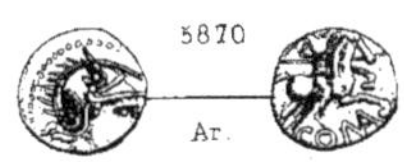
5870 — Ar.

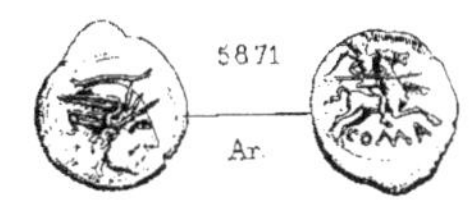
5871 — Ar.

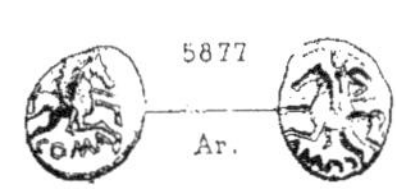
5877 — Ar.

L. Dardel sc.
Imp. Dumas Vorzet

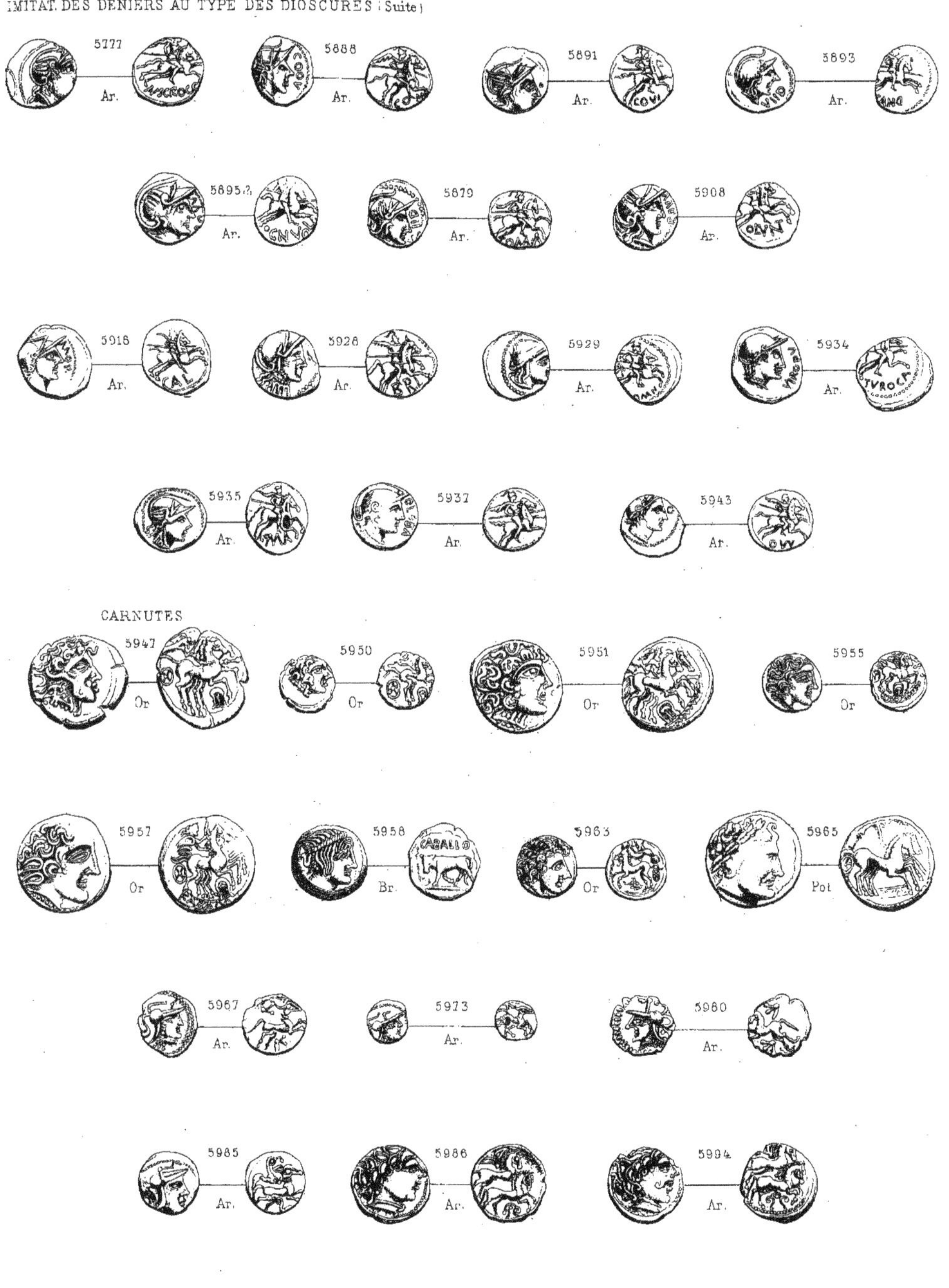

L. Dardel sc.

Imp. Dumas Vorzet

CARNUTES (Suite)

6050 Ar.
Cf. 6055 Or
6060 Or
6063 Or

6067 Or bas
6068 Or bas
6069 Or

6070 Or
6074 Or
6077 Br.
6088 Br.

6108 Br.
6117 Br.
6132 Br.
6140 Br.

6147 Br.
6188 Pot.
6202 Br.

6217 Br.
6218 Br.
6295 Br.
6306 Br.

6308 Ar.
6309 Br.
6311 Br.

6314 Br.
6317 Br.
6322 Br.

6329 Br.
6331 Br.
6337 Br.
6342 Ar.

Dardel sc.

Imp Dumas Vorzet

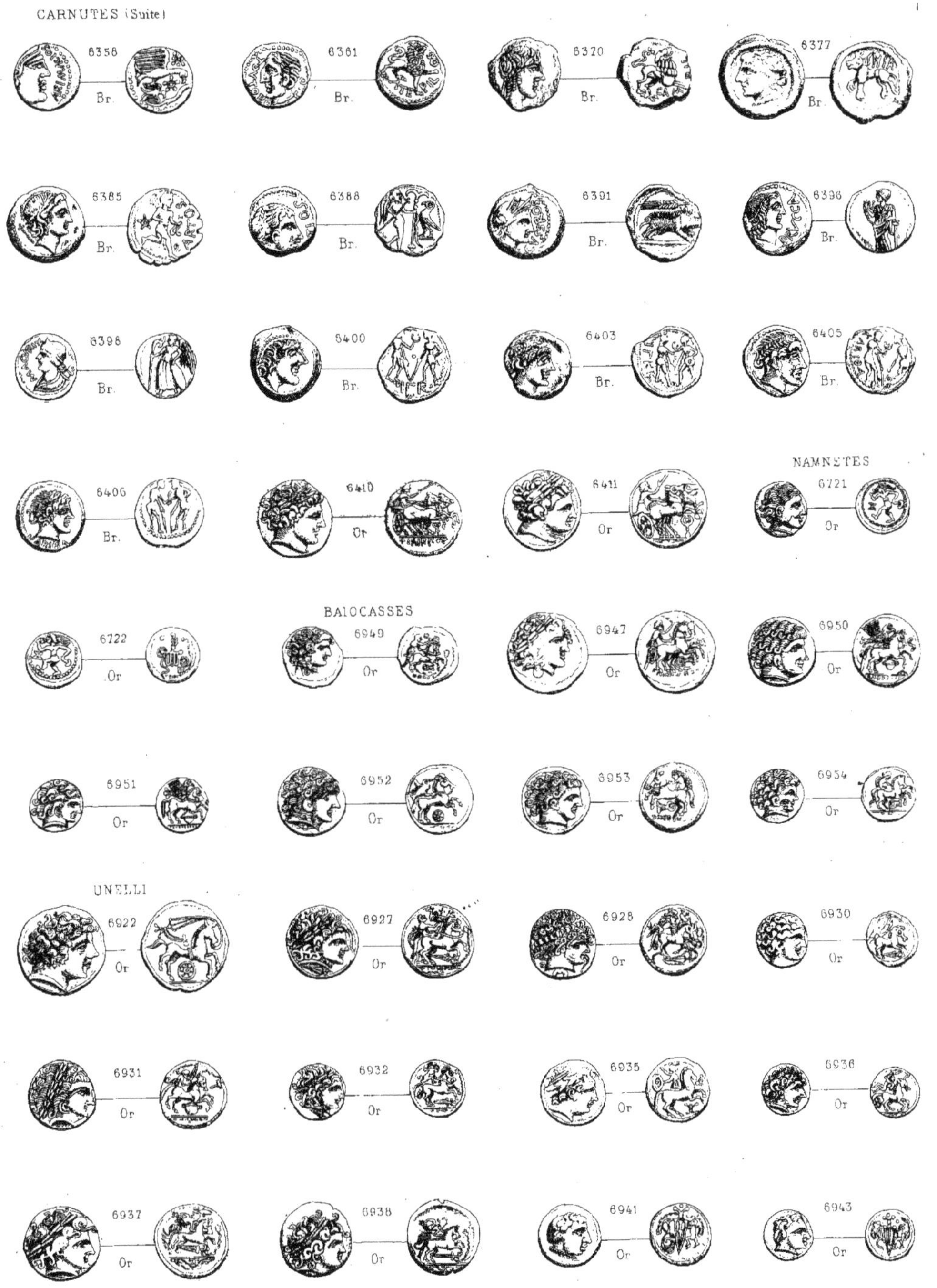

CARNUTES (Suite)

6358 Br. 6361 Br. 6370 Br. 6377 Br.

6385 Br. 6388 Br. 6391 Br. 6396 Br.

6398 Br. 6400 Br. 6403 Br. 6405 Br.

6406 Br. 6410 Or 6411 Or

NAMNETES

6721 Or 6722 Or

BAIOCASSES

6949 Or 6947 Or 6950 Or

6951 Or 6952 Or 6953 Or 6954 Or

UNELLI

6922 Or 6927 Or 6928 Or 6930 Or

6931 Or 6932 Or 6935 Or 6936 Or

6937 Or

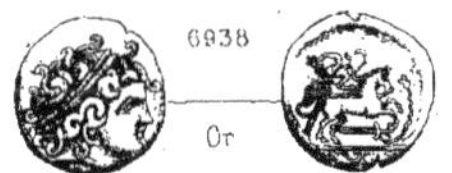

6938 Or

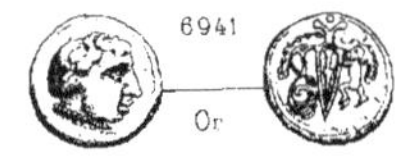

6941 Or

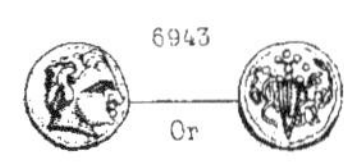

6943 Or

L. Dardel sc. Imp. Dumas Vorzet

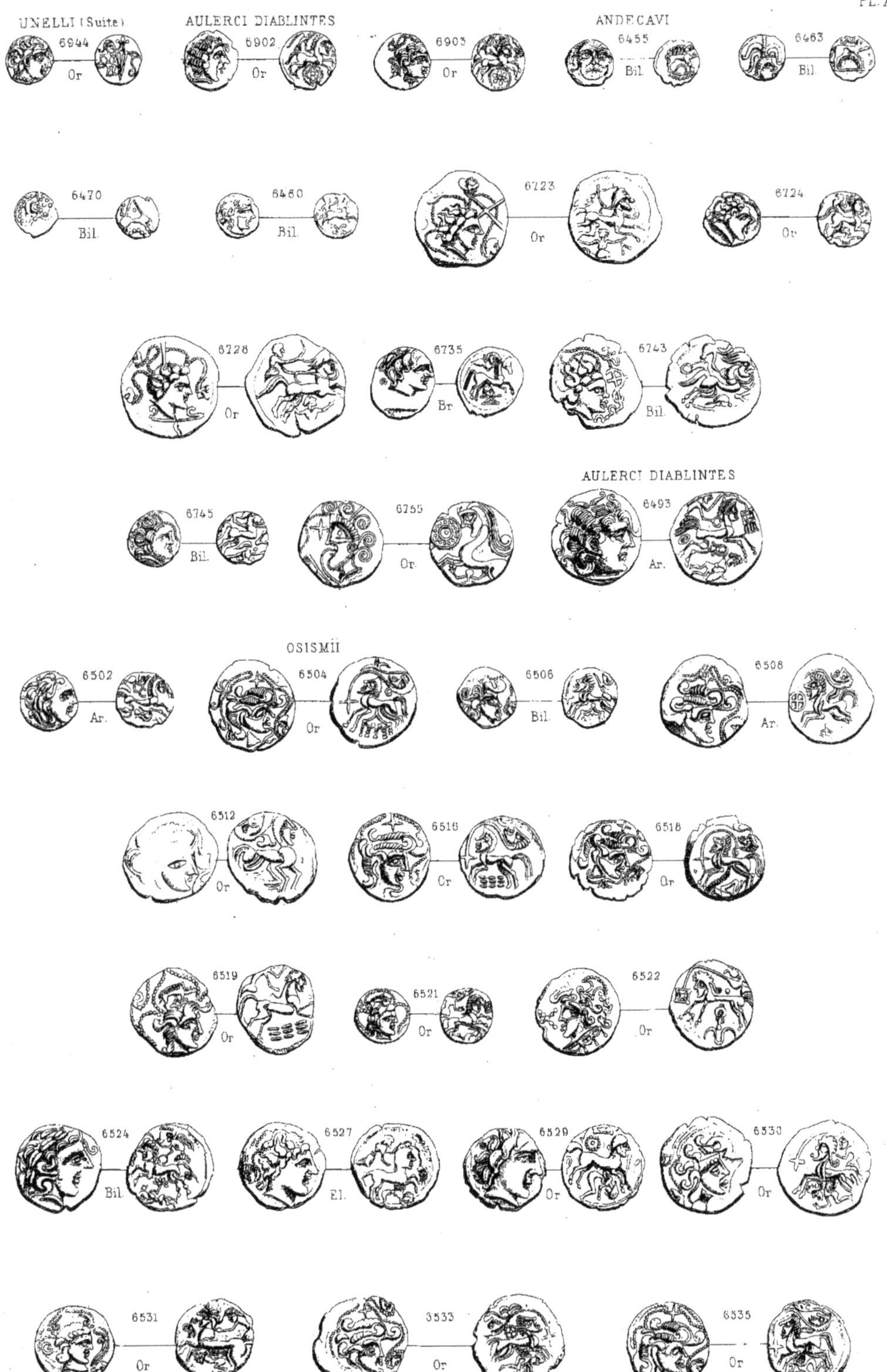

L. Dardel sc. Imp. Dumas Vorzet

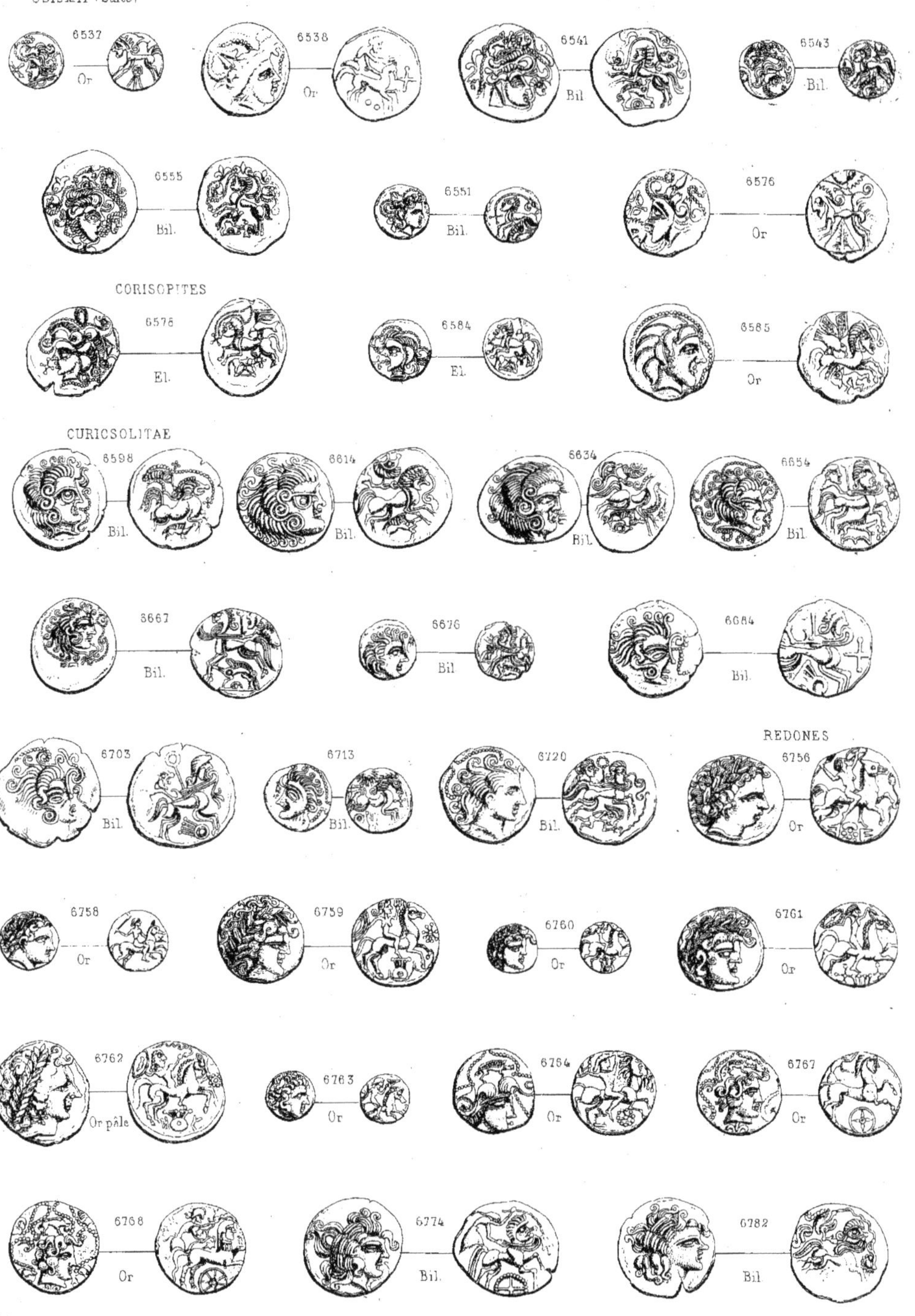

Dardel sc. Imp. Dumas Vorzet

REDONES (Suite)

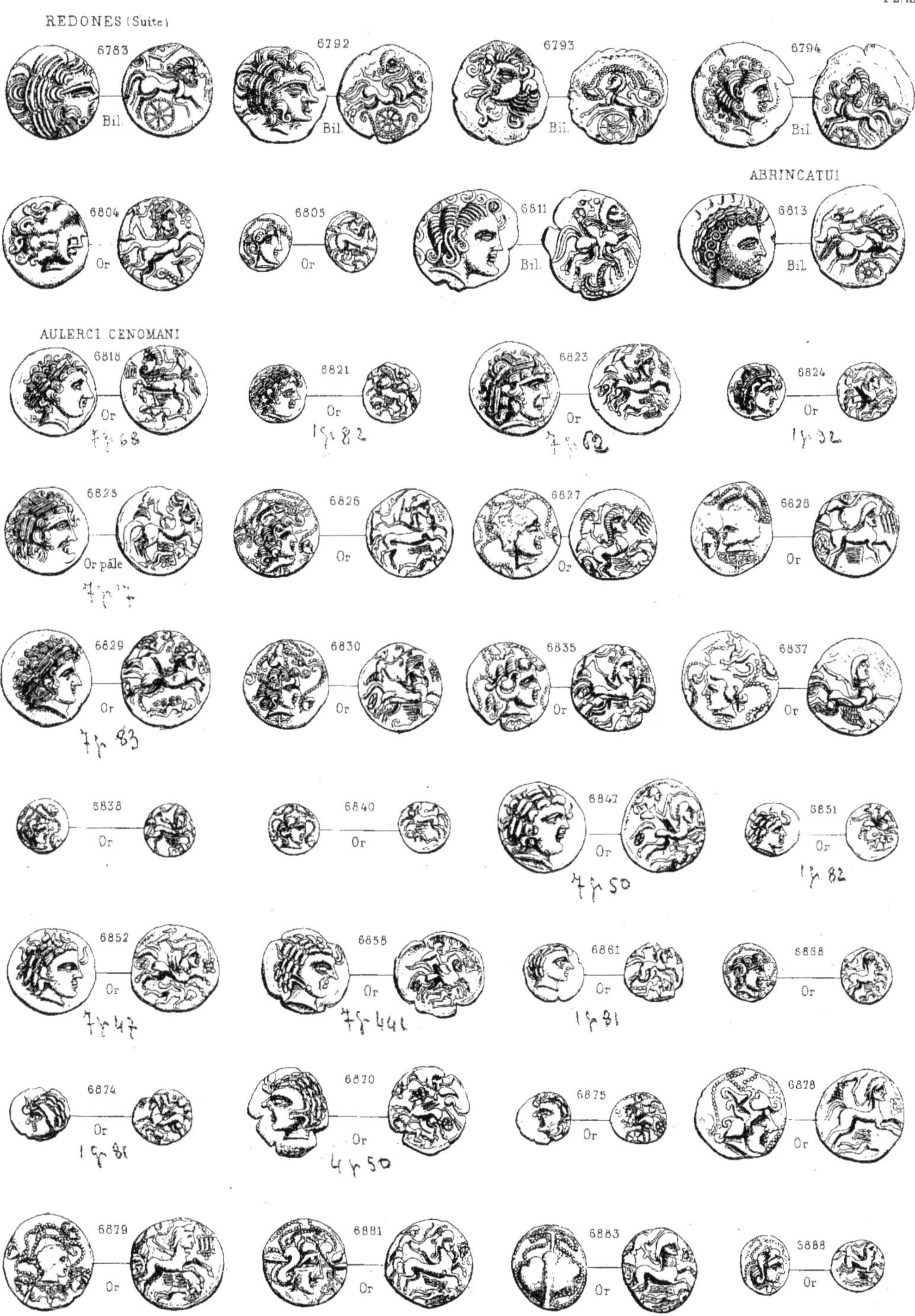

Dardel sc.

Imp. Dumas Vorzet

AULERCI CENOMANI (Suite)

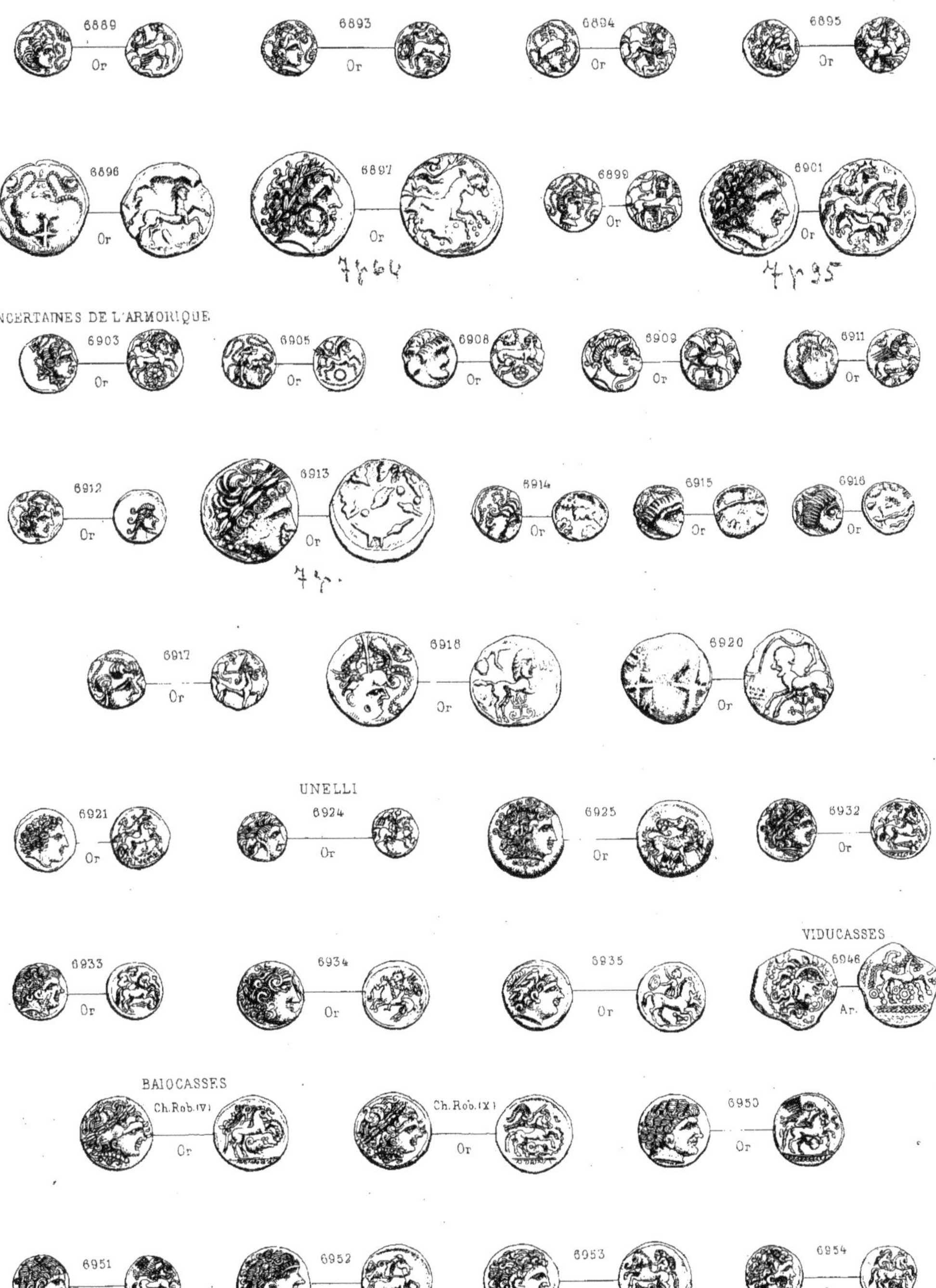

Dardel sc. Imp. Dumas Vorzet

BAIOCASSES (Suite)

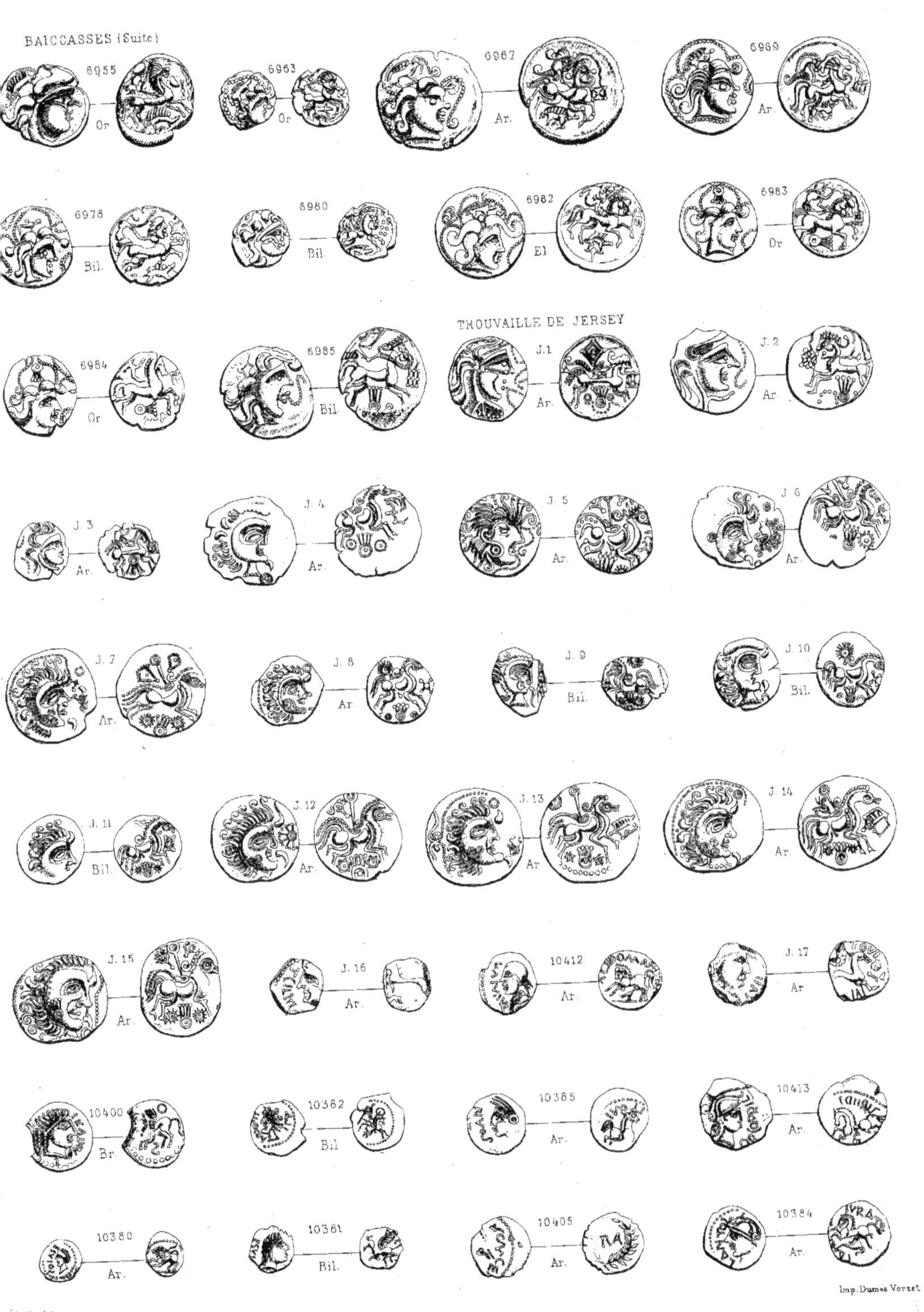

L. Dardel sc.

Imp. Dumas Vorzet

TROUVAILLE DE JERSEY (Suite)

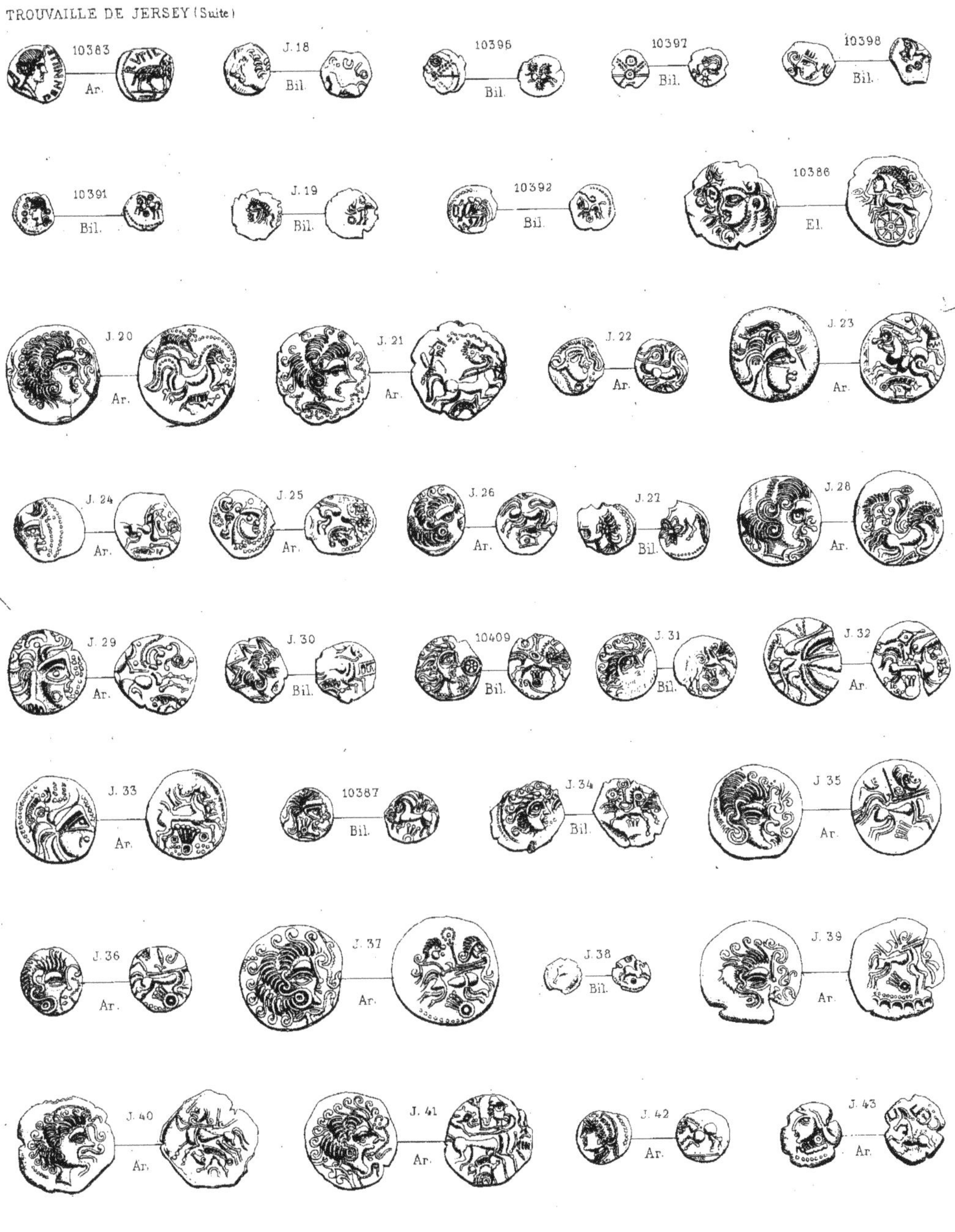

L. Dardel sc. Imp. Dumas Vorzet

TROUVAILLE DE JERSEY (Suite)

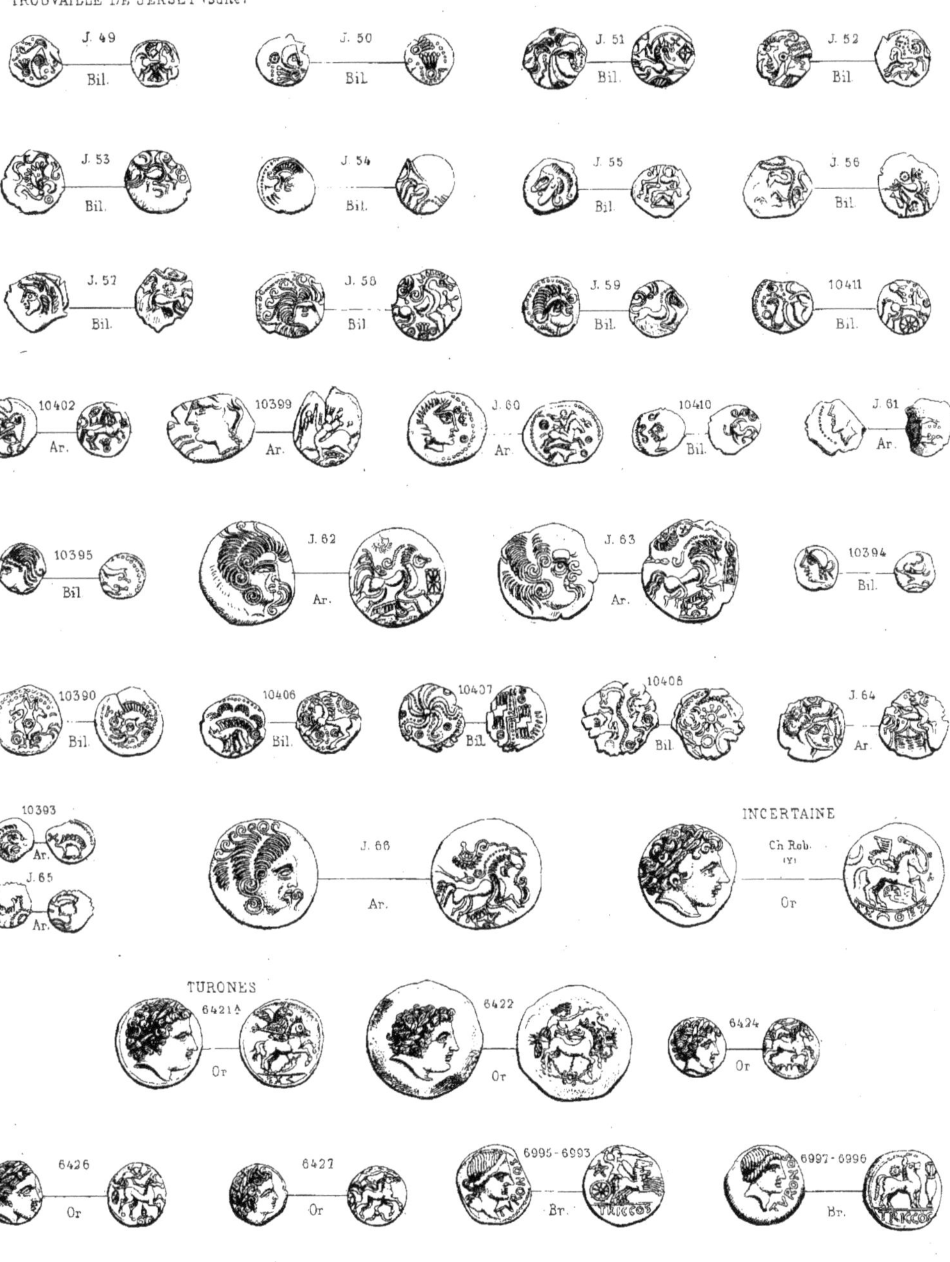

L. Dardel sc.

Imp. Dumas Vorzet

AULERCI EBUROVICES (Suite)

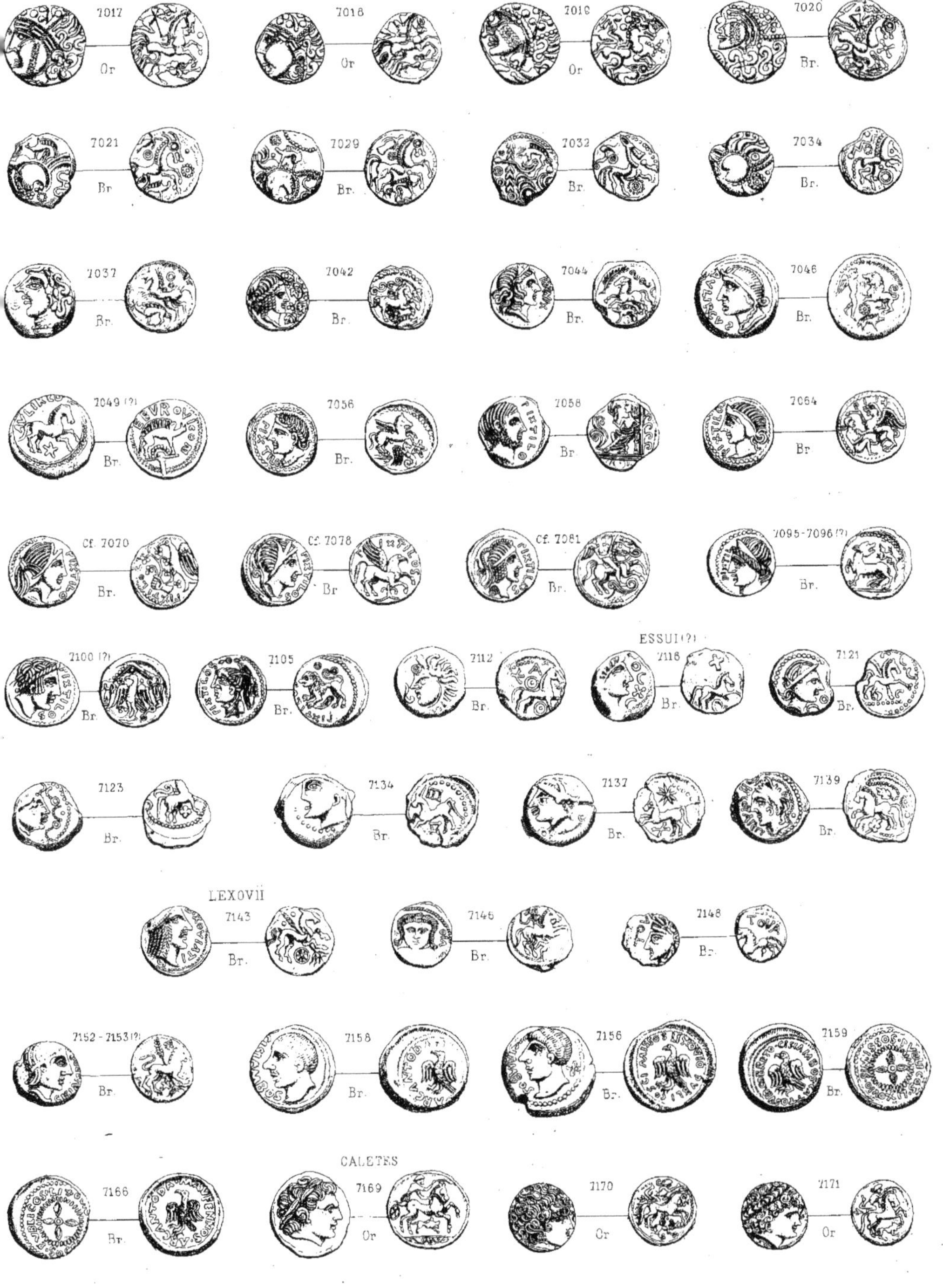

Dardel sc.

Imp. Dumas Vorzet

CALETES (Suite)

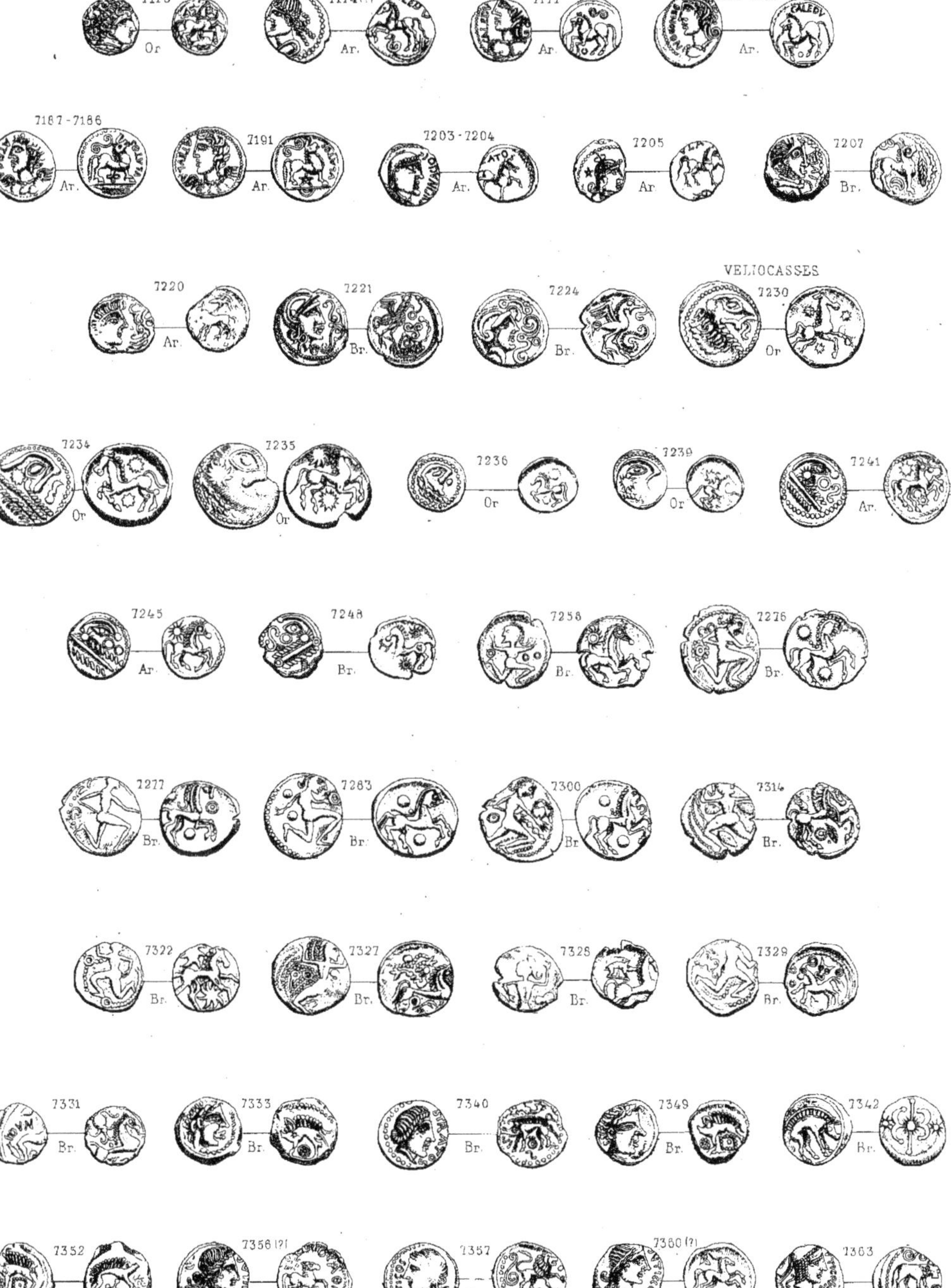

L. Dardel sc.

Imp Dumas Vorzet

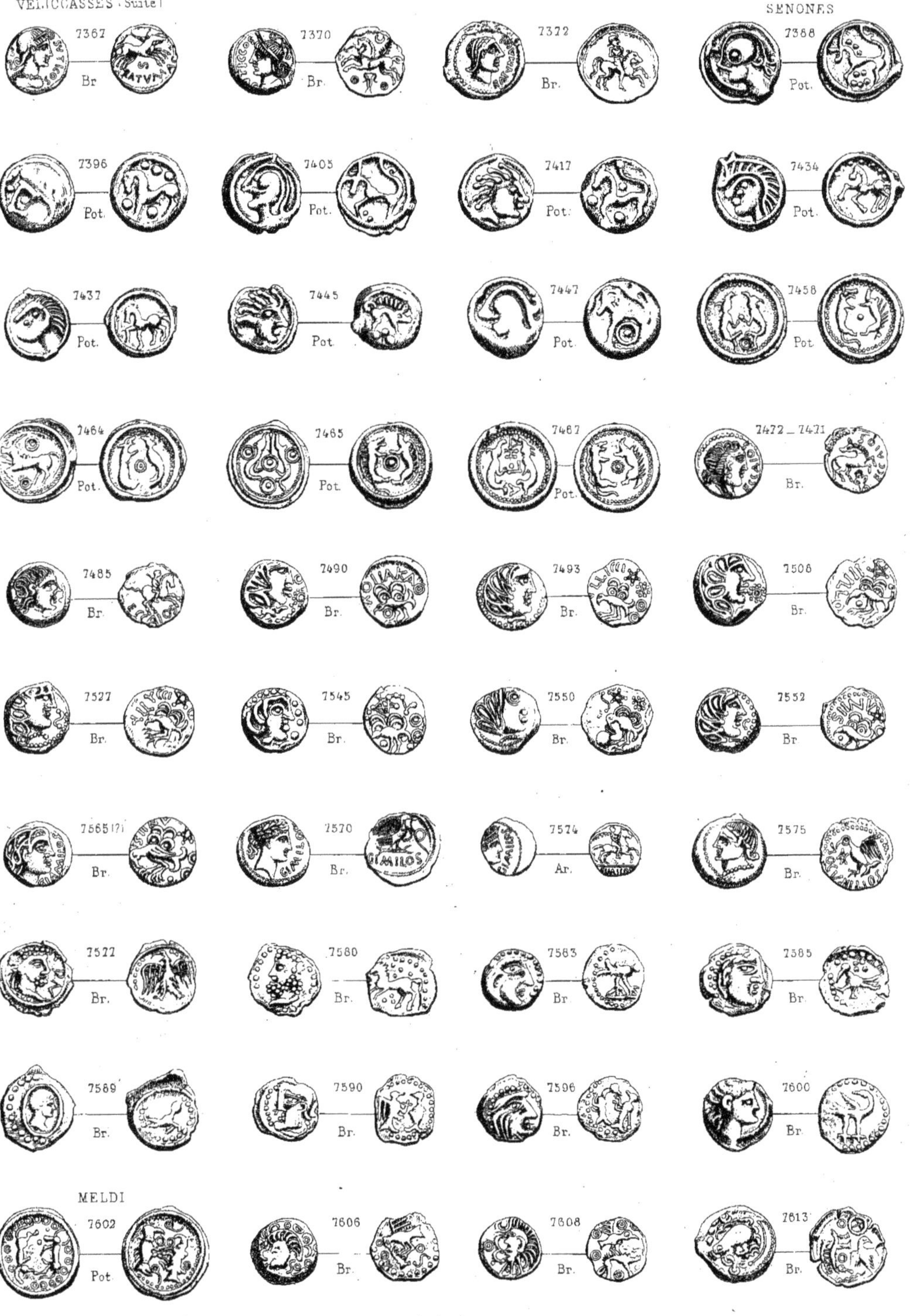

Dardel sc

Imp Dumas Vorzet

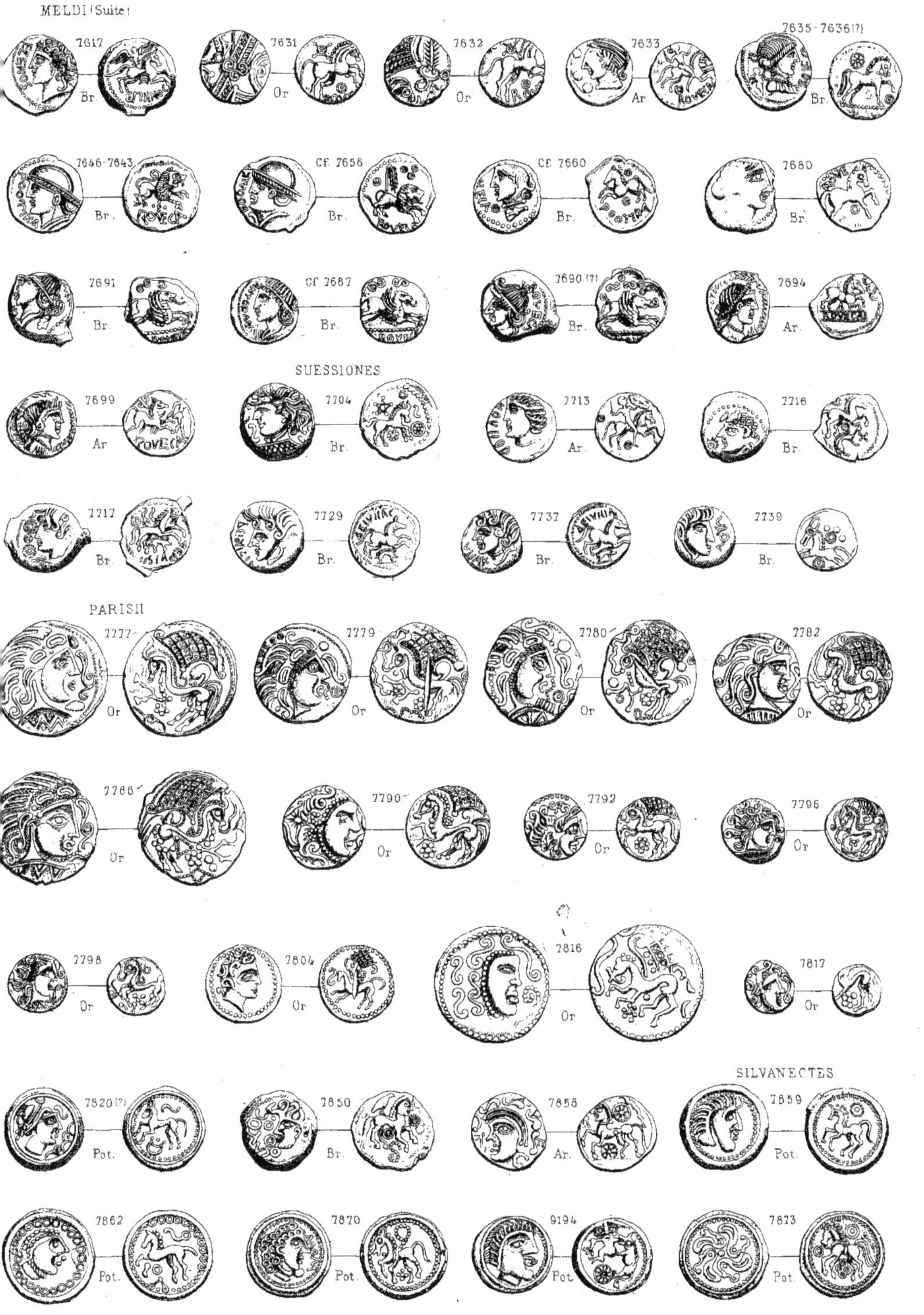

MELDI (Suite)

7617 Br. — 7631 Or — 7632 Or — 7633 Ar. — 7635-7636 (?) Br.

7646-7643 Br. — Cf. 7656 Br. — Cf. 7660 Br. — 7680 Br.

7691 Br. — Cf. 7687 Br. — 7690 (?) Br. — 7694 Ar.

SUESSIONES

7699 Ar. — 7704 Br. — 7713 Ar. — 7716 Br.

7717 Br. — 7729 Br. — 7737 Br. — 7739 Br.

PARISII

7777 Or — 7779 Or — 7780 Or — 7782 Or

7788 Or — 7790 Or — 7792 Or — 7796 Or

7798 Or — 7804 Or — 7816 Or — 7817 Or

SILVANECTES

7820 (?) Pot. — 7850 Br. — 7858 Ar. — 7859 Pot.

7862 Pot. — 7870 Pot. — 9194 Pot. — 7873 Pot.

…del sc. — Imp Dumas Vorzet

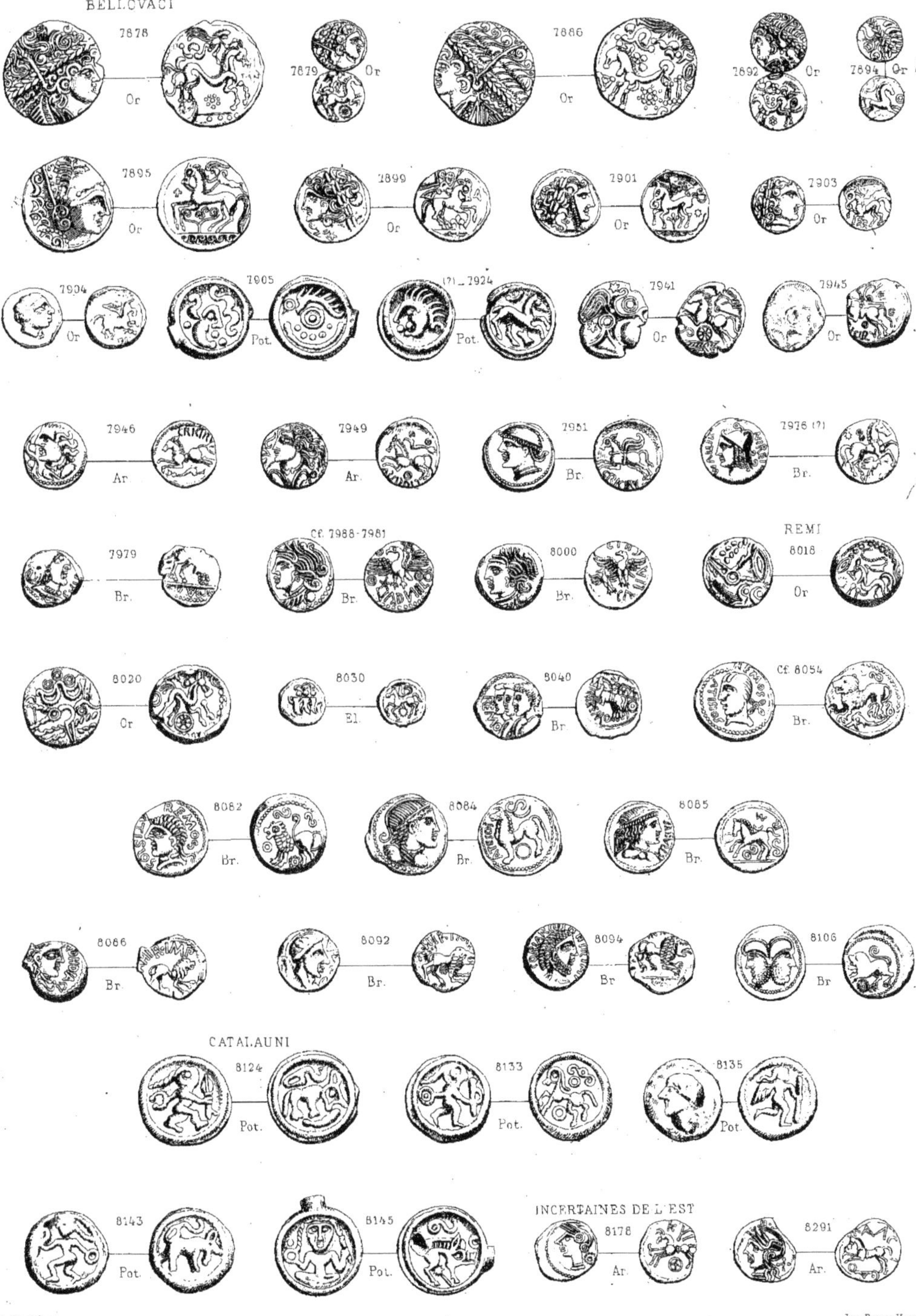
BELLOVACI
7878 Or
7879 Or
7886 Or
7892 Or
7894 Or
7895 Or
7899 Or
7901 Or
7903 Or
7904 Or
7905 Pot.
(?) 7924 Pot.
7941 Or
7945 Or
7946 Ar.
7949 Ar.
7951 Br.
7976 (?) Br.
7979 Br.
Cf. 7988-7981 Br.
8000 Br.
REMI
8018 Or
8020 Or
8030 El.
8040 Br.
Cf. 8054 Br.
8082 Br.
8084 Br.
8085 Br.
8086 Br.
8092 Br.
8094 Br
8106 Br
CATALAUNI
8124 Pot.
8133 Pot.
8135 Pot.
8143 Pot.
8145 Pot.
INCERTAINES DE L'EST
8178 Ar.
8291 Ar.
L. Dardel sc.
Imp. Dumas Vorset

INCERTAINES (Suite)

AMBIANI

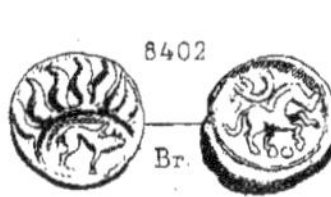

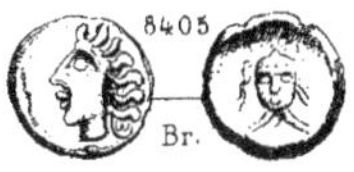

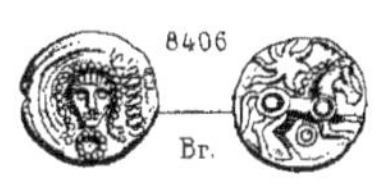

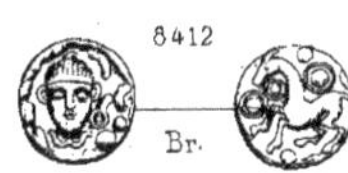

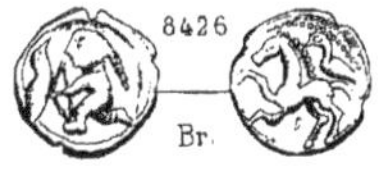

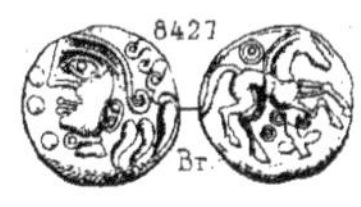

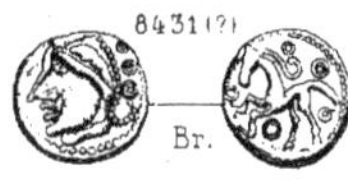

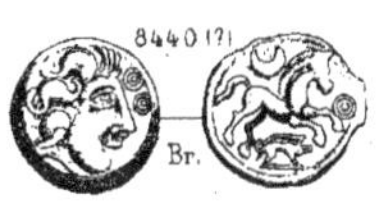

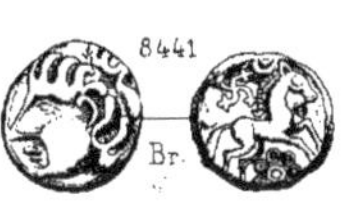

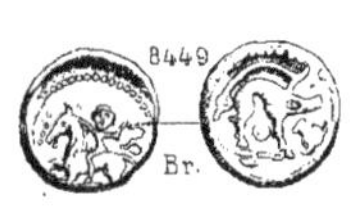

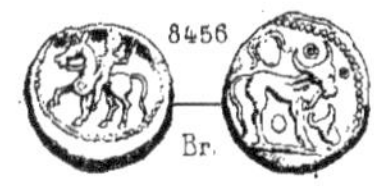

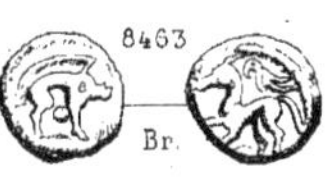

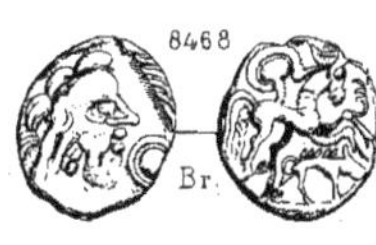

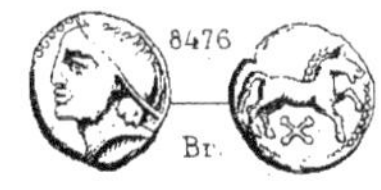

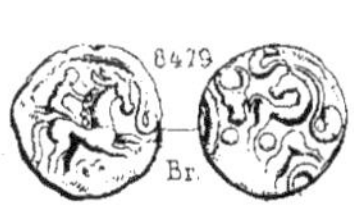

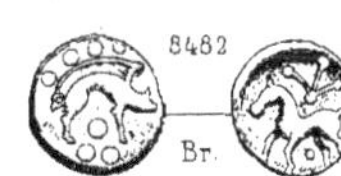

L. Dardel sc. Imp. Dumas Vorzet

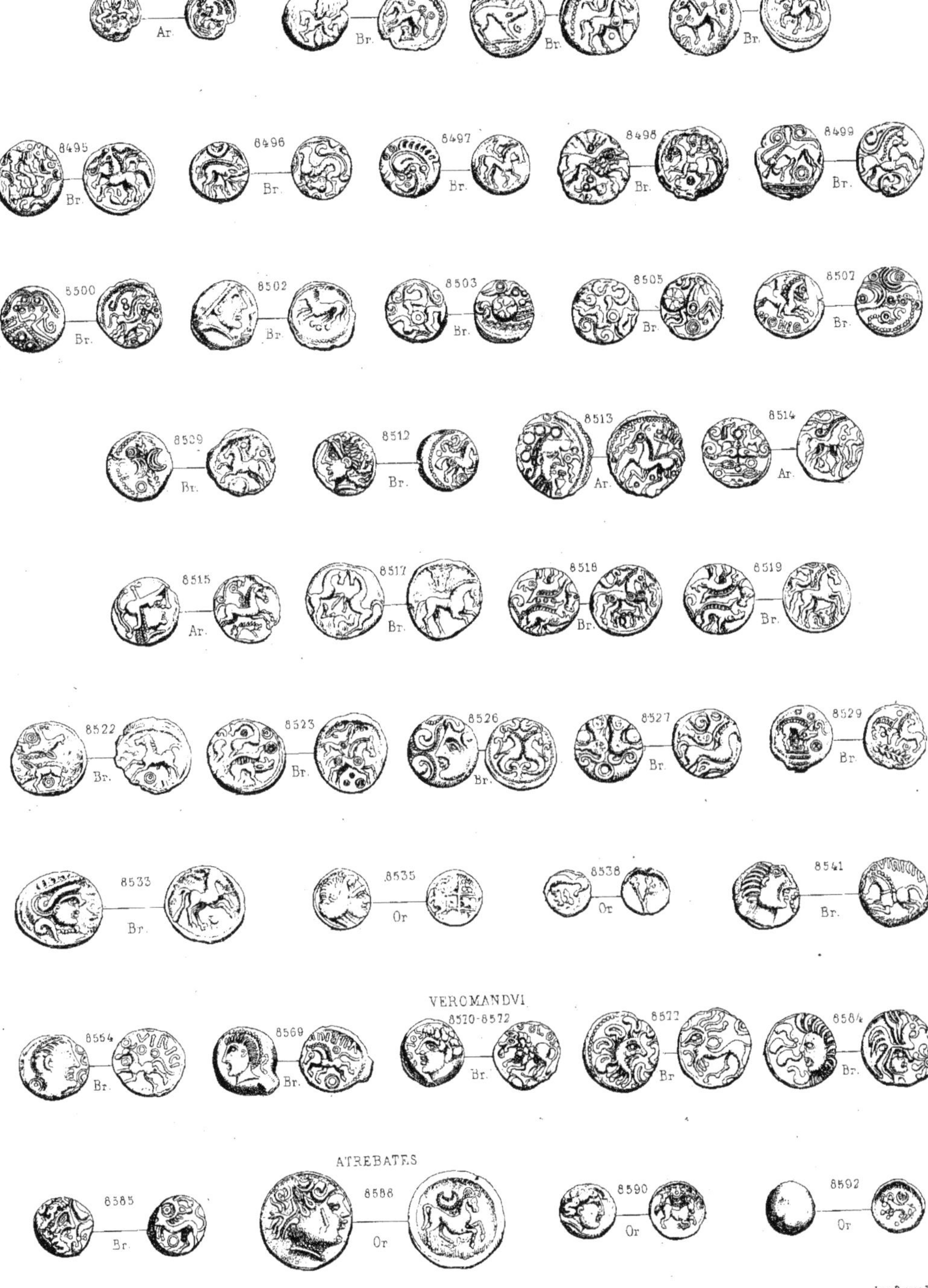

L. Dardel sc.

Imp. Dumas Vorzet

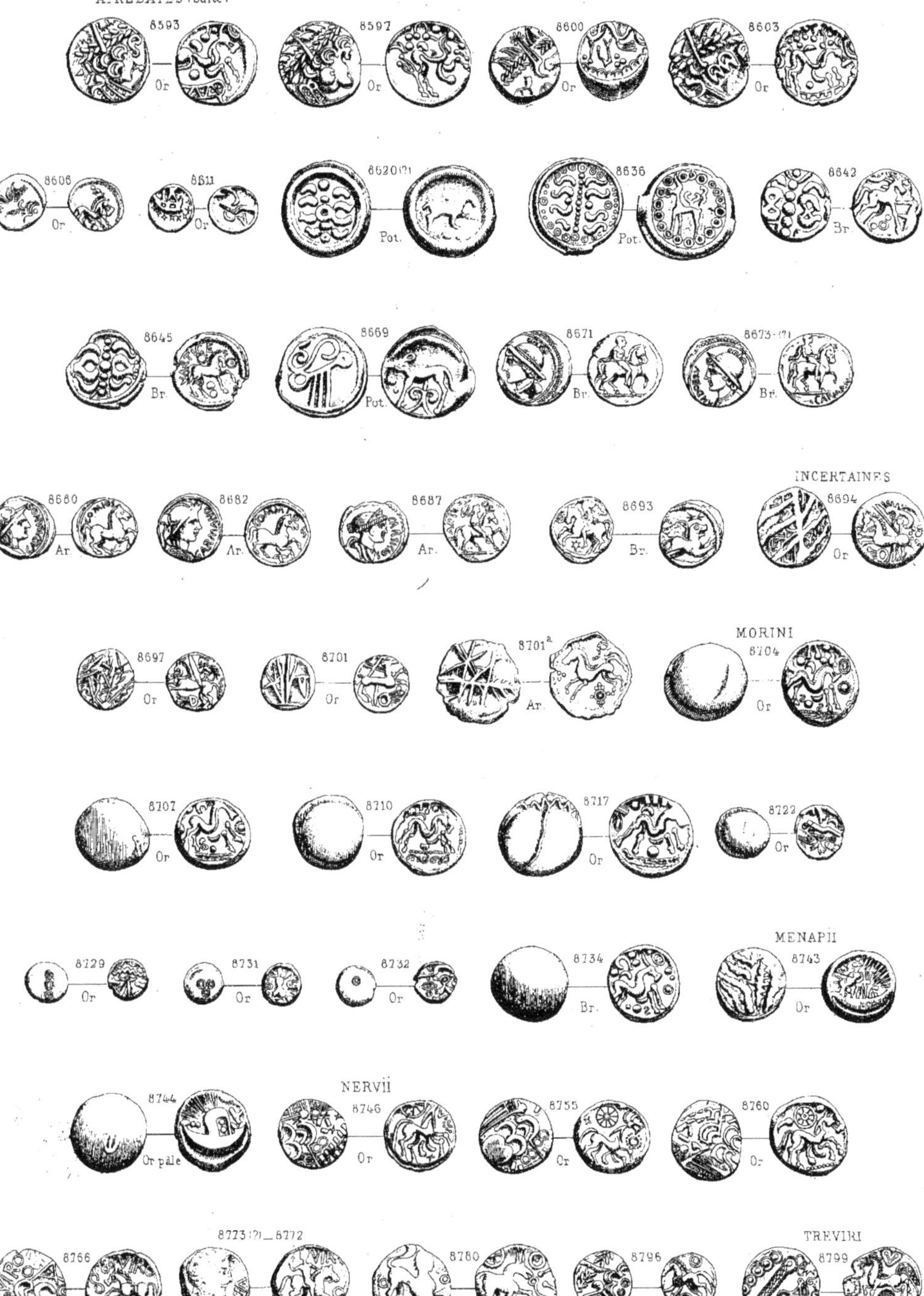

. Dardel sc.

Imp. Dumas Vorzet

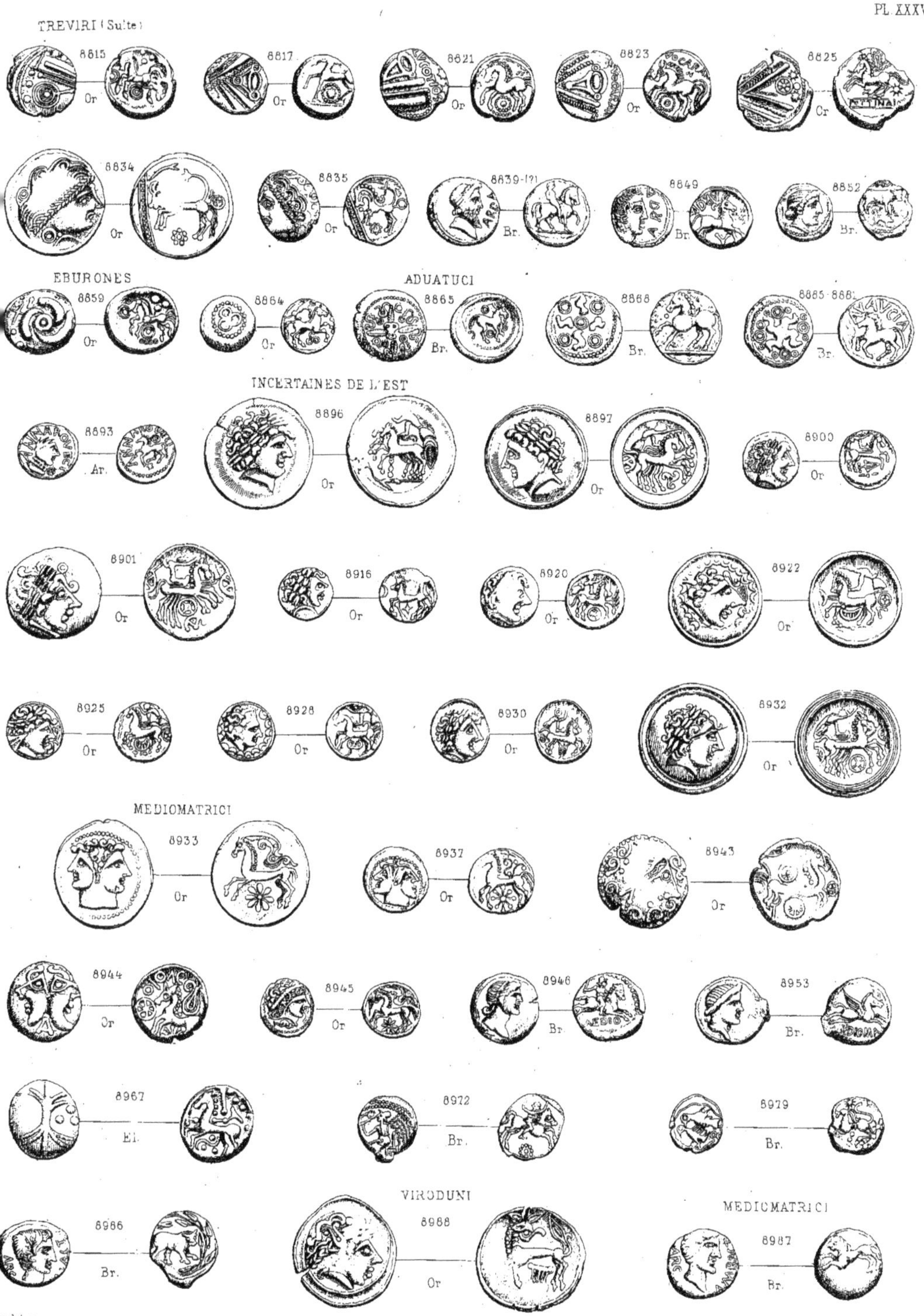

TREVIRI (Suite)

8815 Or — 8817 Or — 8821 Or — 8823 Or — 8825 Or

8834 Or — 8835 Or — 8839-(?) Br. — 8849 Br. — 8852 Br.

EBURONES

8859 Or — 8864 Or

ADUATUCI

8865 Br. — 8868 Br. — 8885-888[illegible] Br.

INCERTAINES DE L'EST

8893 Ar. — 8896 Or — 8897 Or — 8900 Or

8901 Or — 8916 Or — 8920 Or — 8922 Or

8925 Or — 8928 Or — 8930 Or — 8932 Or

MEDIOMATRICI

8933 Or — 8937 Or — 8943 Or

8944 Or — 8945 Or — 8946 Br. — 8953 Br.

8967 El. — 8972 Br. — 8979 Br.

8986 Br.

VIRODUNI

8988 Or

MEDIOMATRICI

8987 Br.

...ardel sc.

Imp. Dumas Vorzet

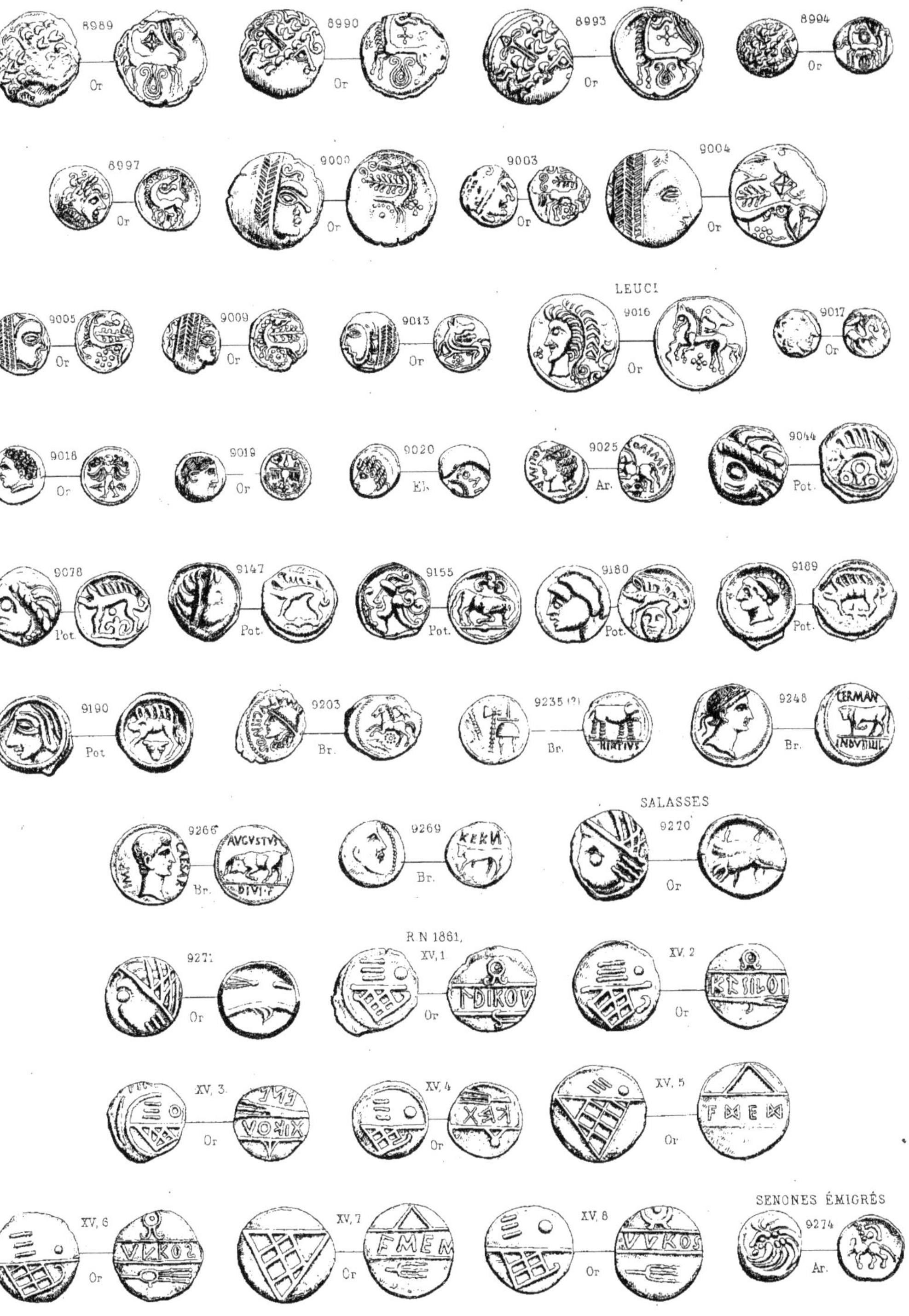

Dardel sc.

Imp. Dumas Vorzet

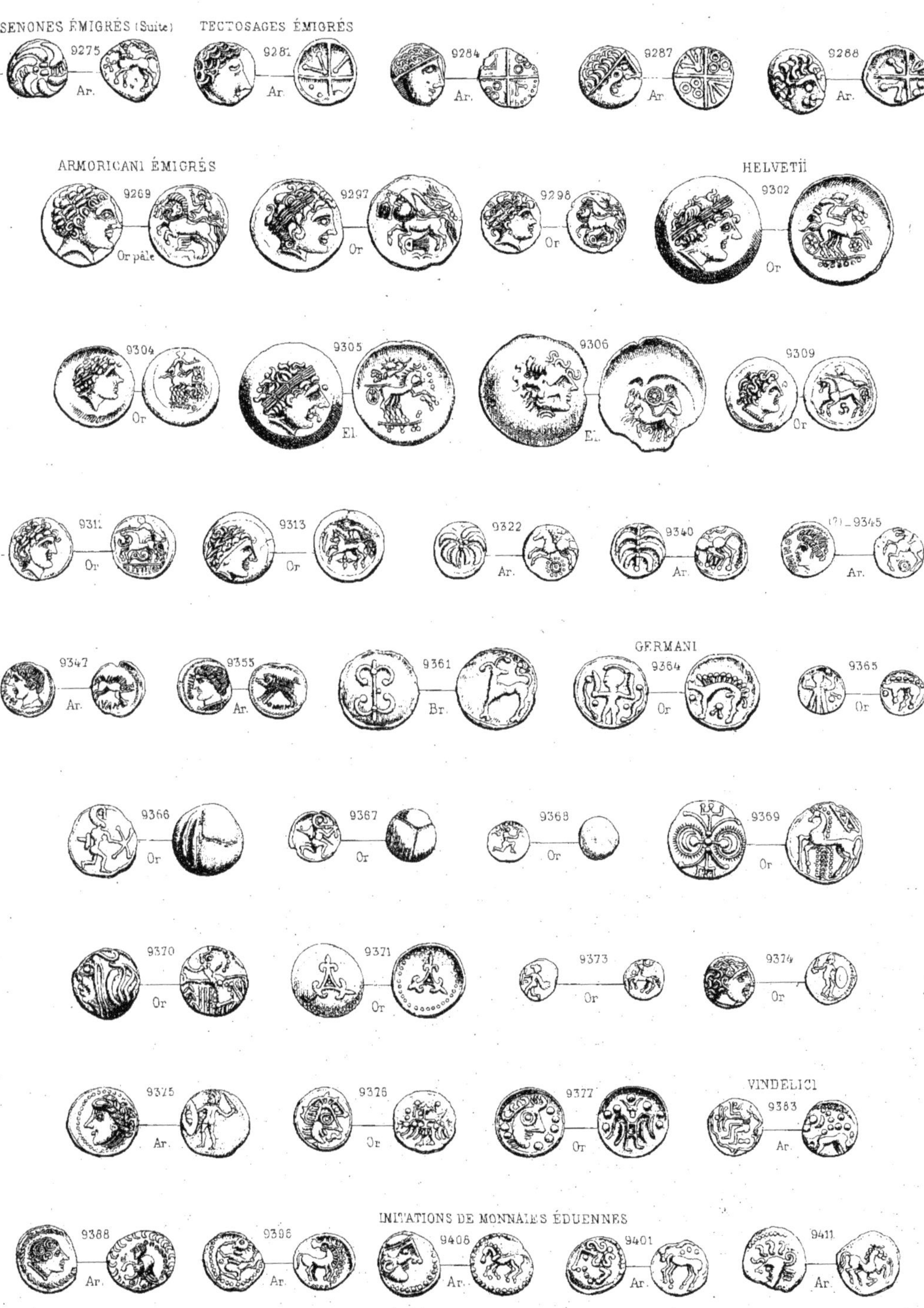

Dardel sc.

Imp. Dumas Vorzet

IMITATIONS DE MONNAIES ÉDUENNES (Suite)

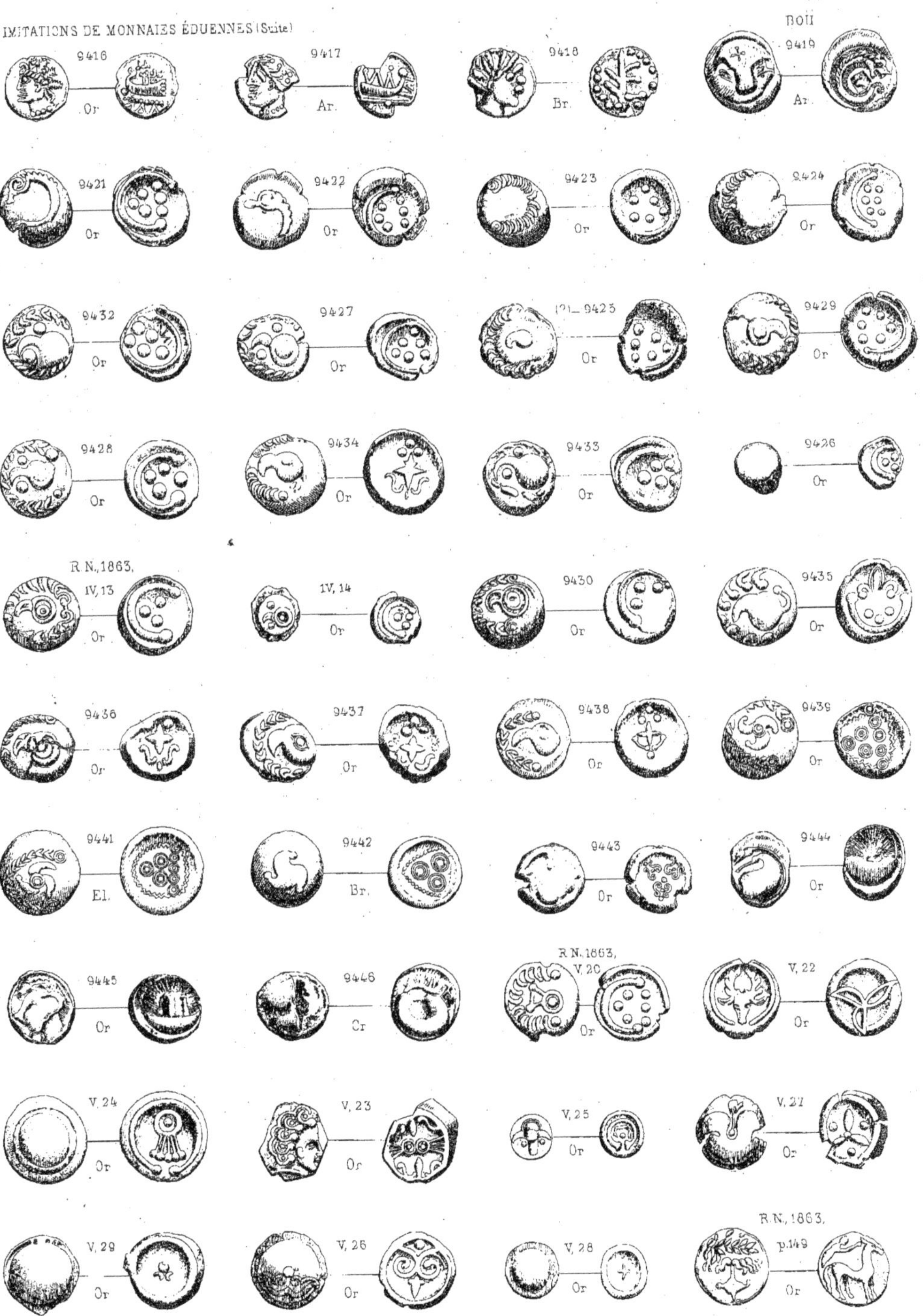

Dardel sc.

Imp. Dumas Vorzet

BOII (Suite)

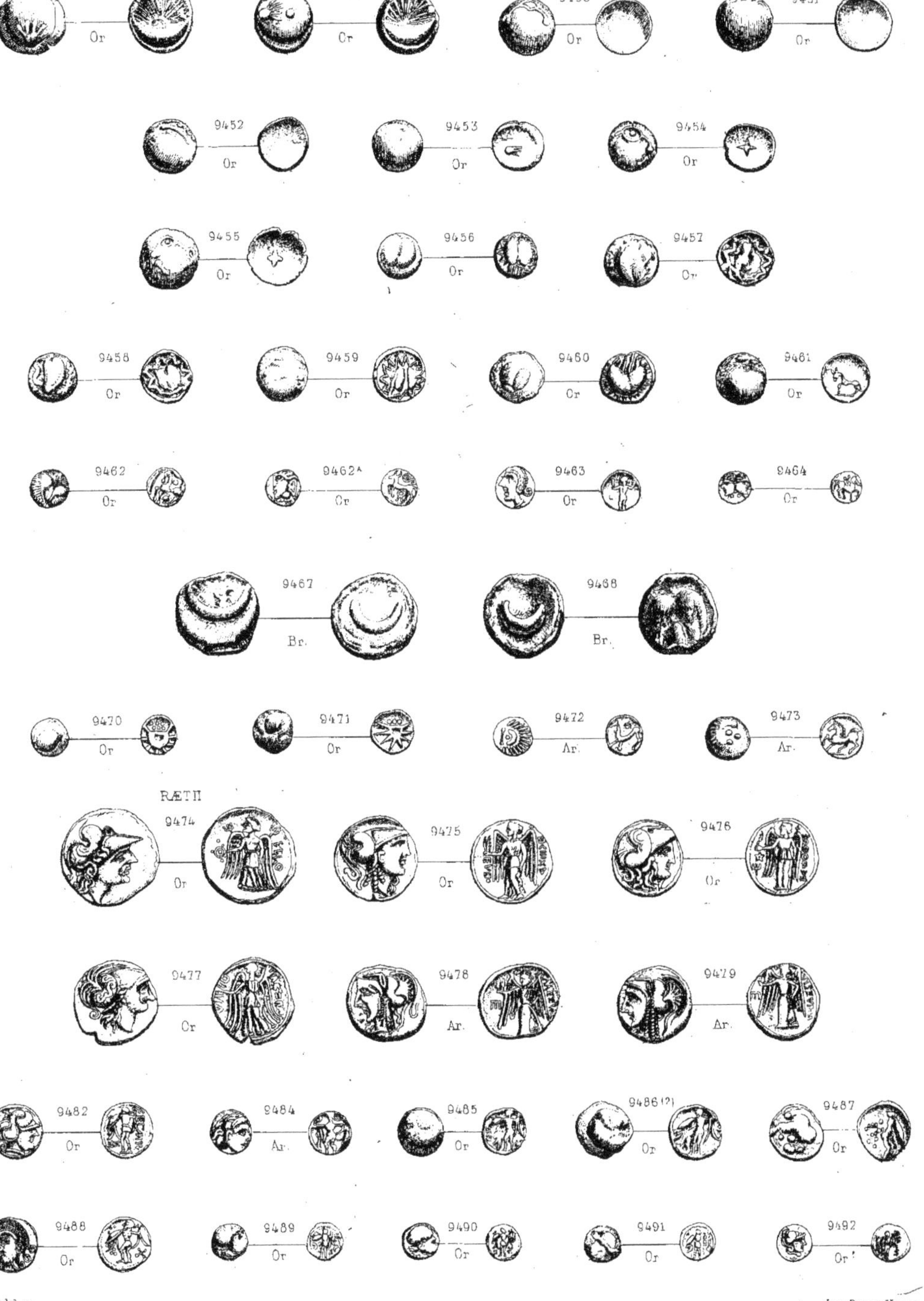

Dardel sc

Imp. Dumas Vorzet

ILE DE BRETAGNE.

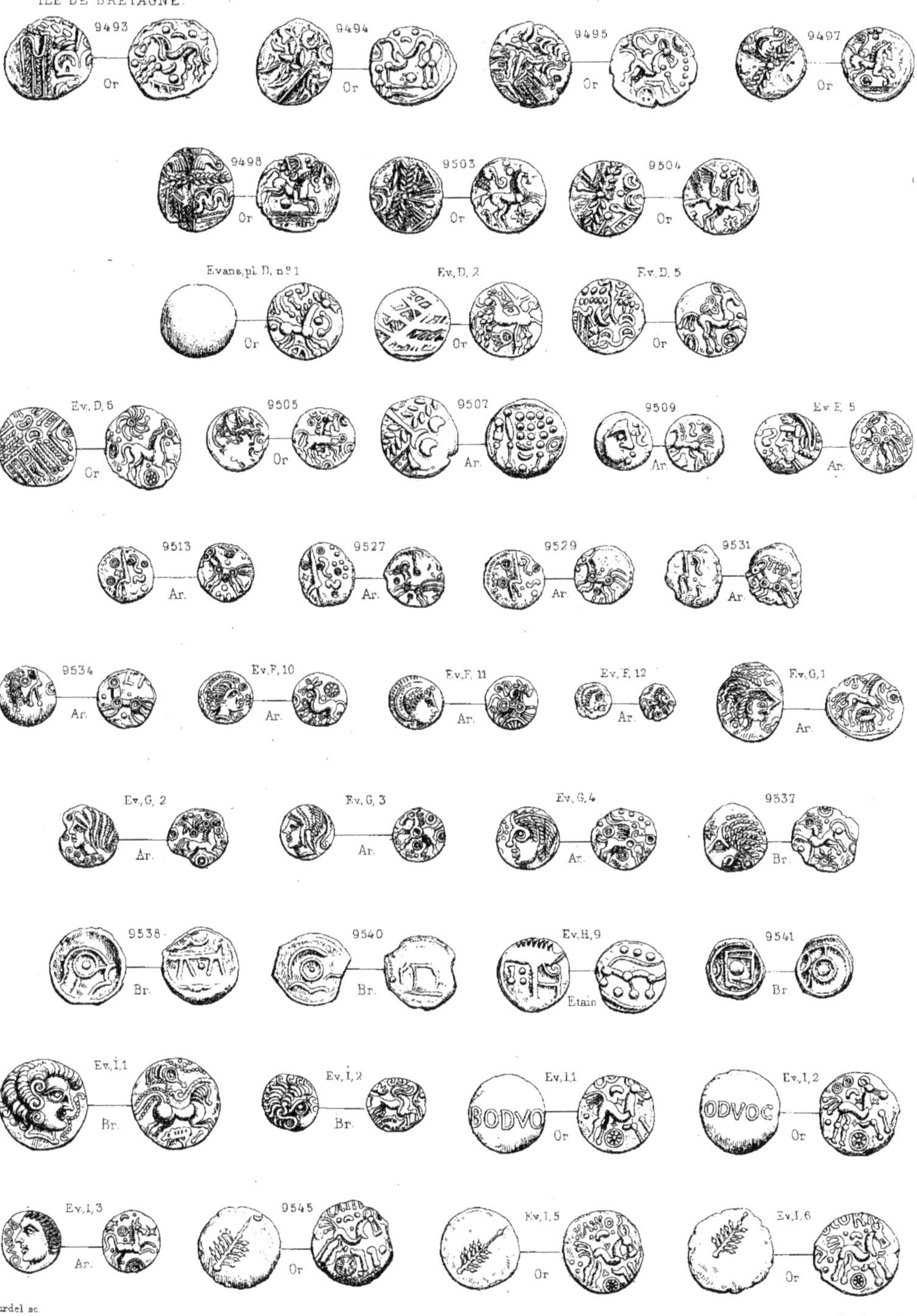

L. Dardel sc.

Imp. Dumas Vorzet

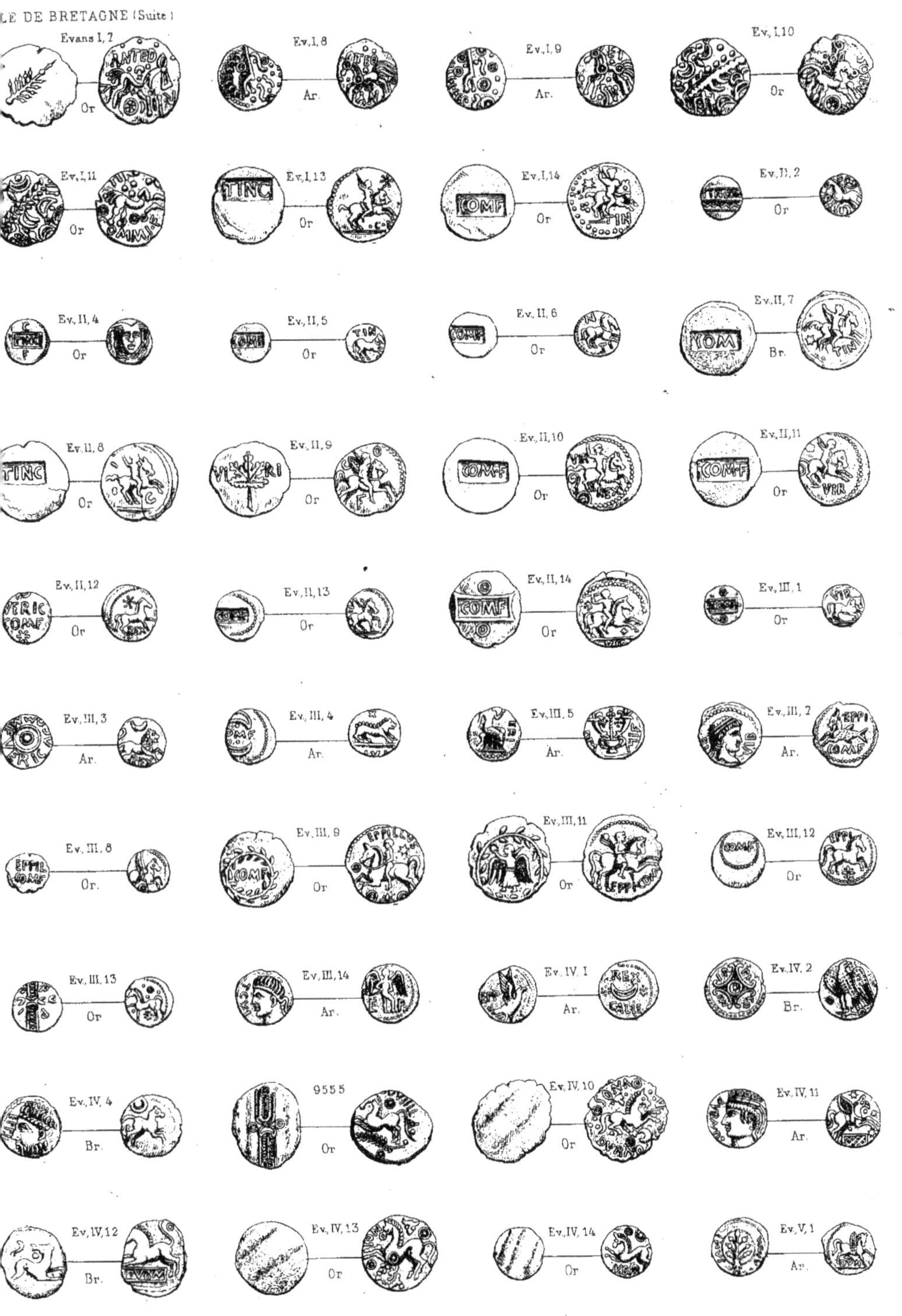

Dardel sc. Imp. Dumas Vorzet

LE DE BRETAGNE (Suite)

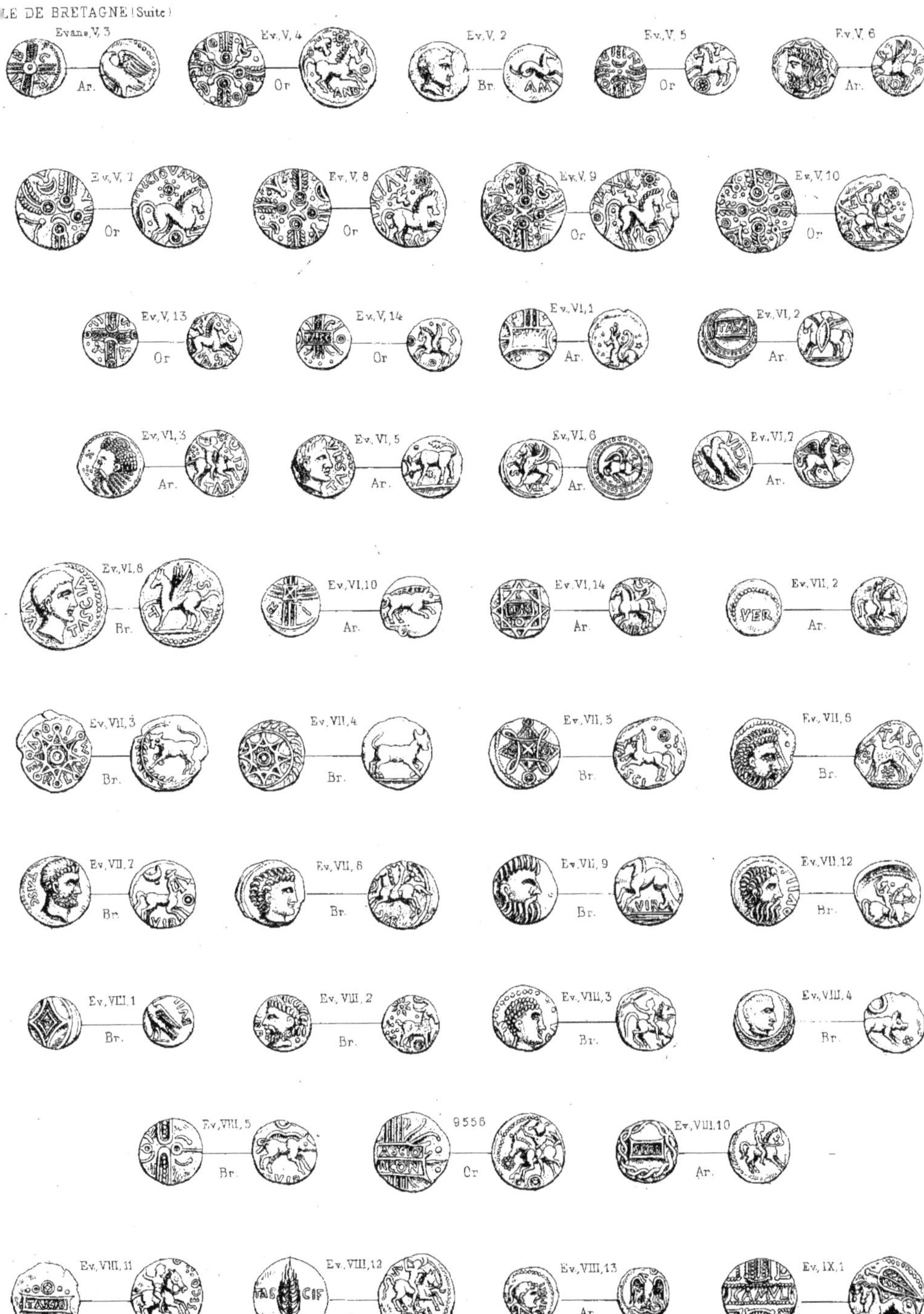

L. Dardel sc

Imp. Dumas Vorzet

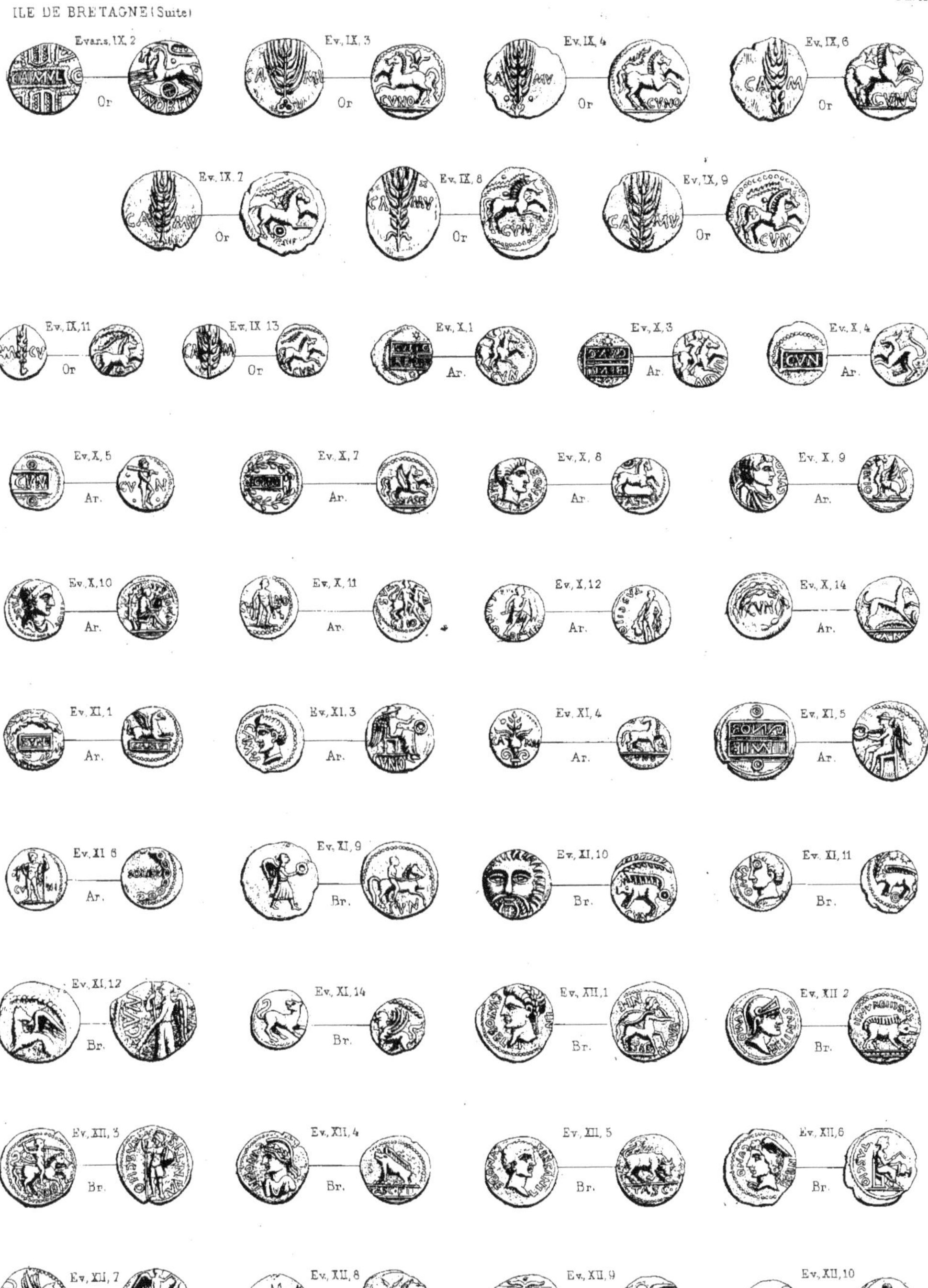

Dardel sc.

Imp. Dumas Vorzet

ILE DE BRETAGNE (Suite)

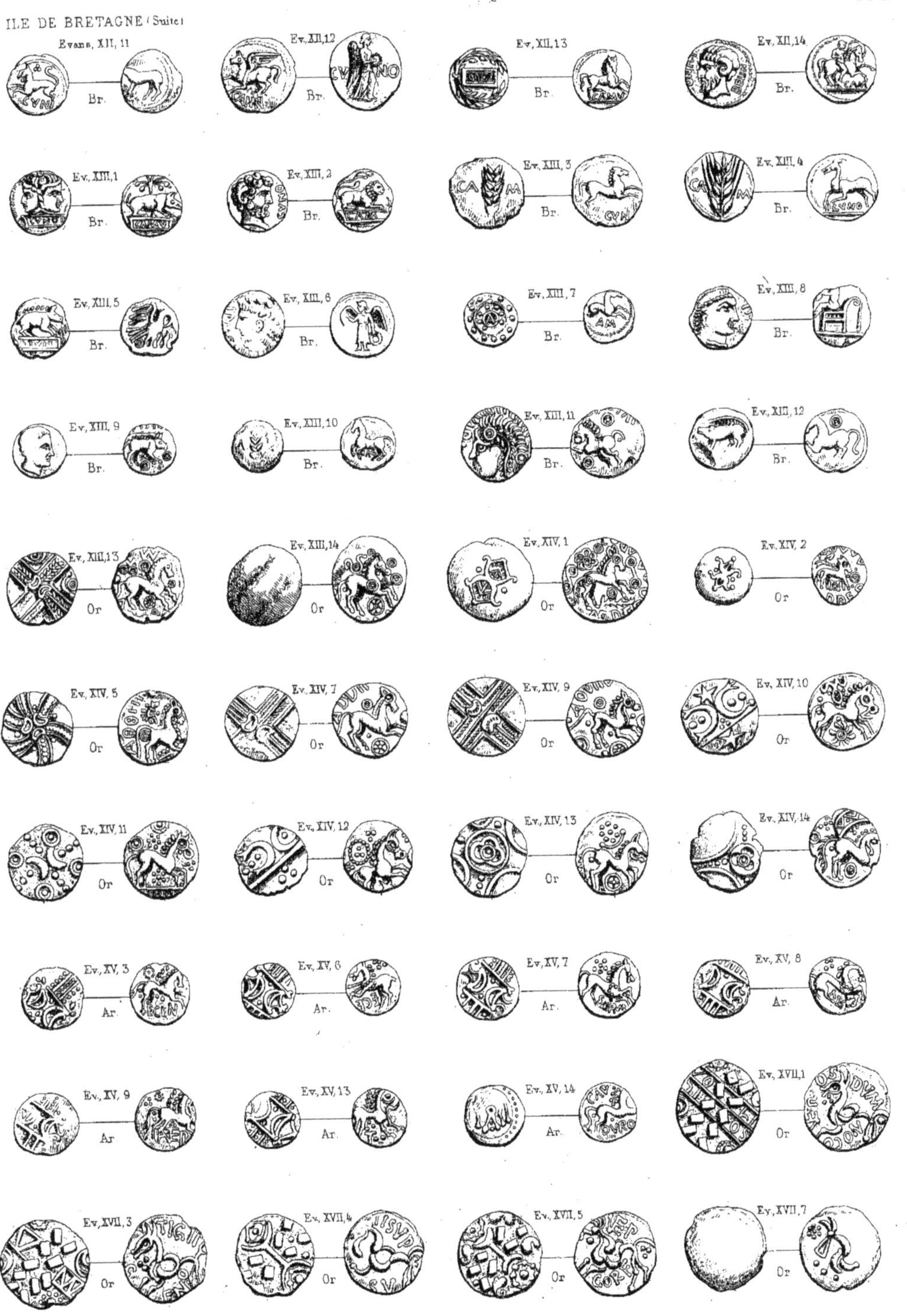

Dardel sc.

Imp. Dumas Vorzet

IMITATIONS DE MONNAIES DE PHILIPPE II

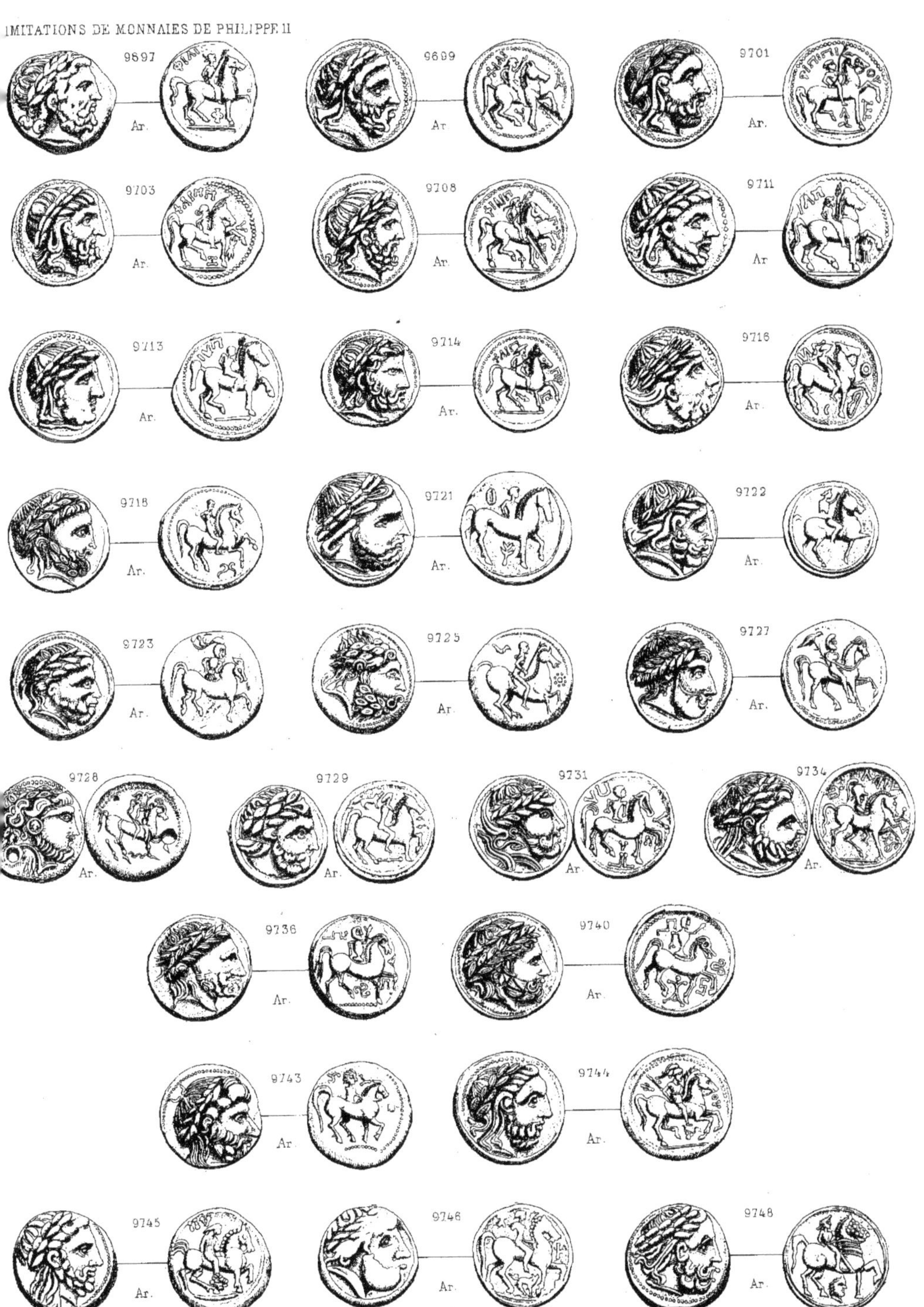

ardel sc.

Imp. Dumas Vorzet

IMITATIONS DE MONNAIES DE PHILIPPE II (Suite)

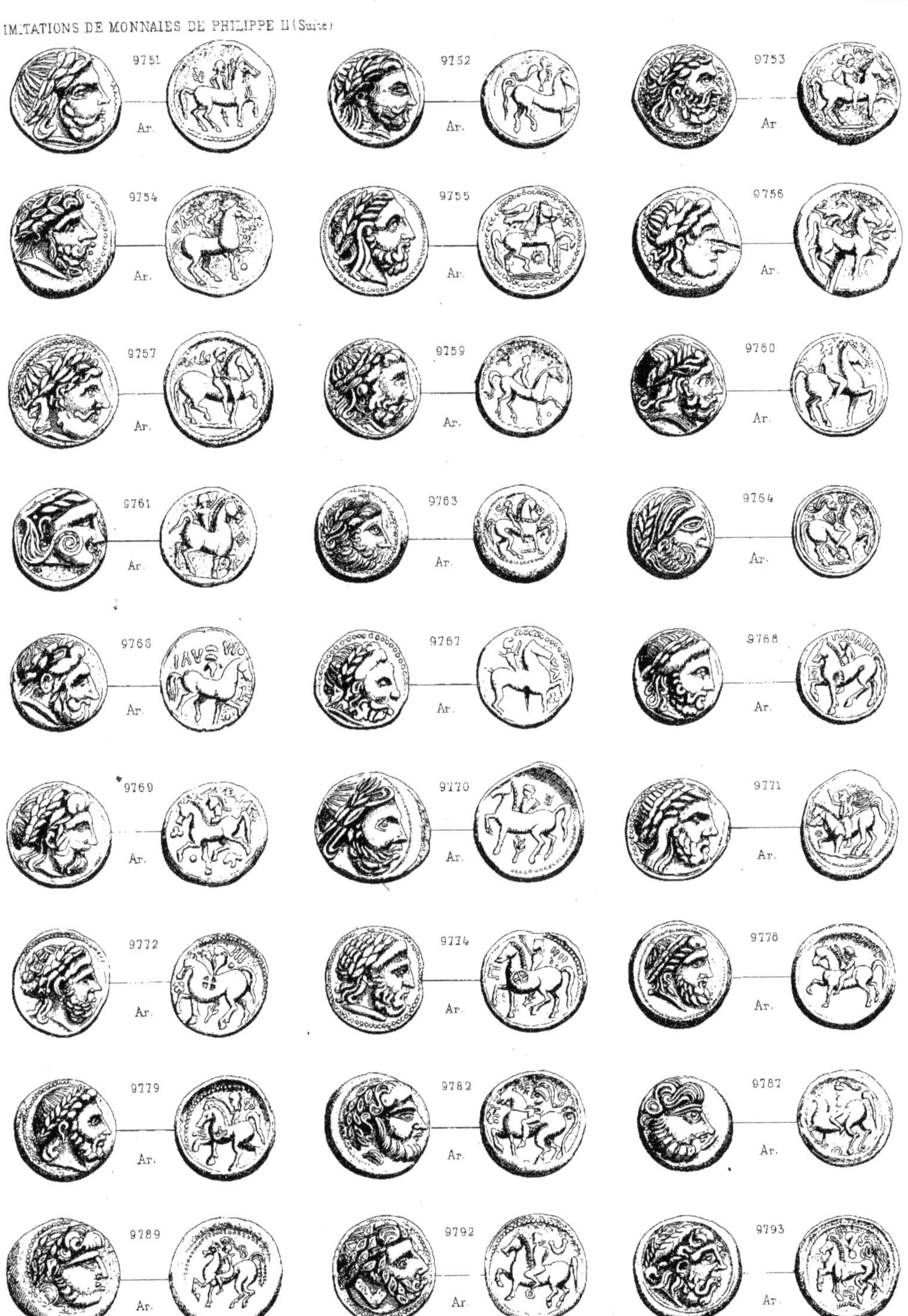

Dardel sc.

Imp. Dumas Vergel

IMITATIONS DE MONNAIES DE PHILIPPE II (Suite)

9794 Ar. 9795 Ar.

9799 Ar. 9801 Ar. 9802 Ar.

9805 Ar. 9807 Ar. 9809 Ar.

9810 Ar. 9811 Ar. 9812 Ar.

9813 Ar. 9815 Ar. 9816 Ar.

9817 Ar. 9823 Ar. 9825 Ar.

9826 Ar. 9832 Ar. 9834 Ar.

9835 Ar. 9838 Ar. 9839 Ar.

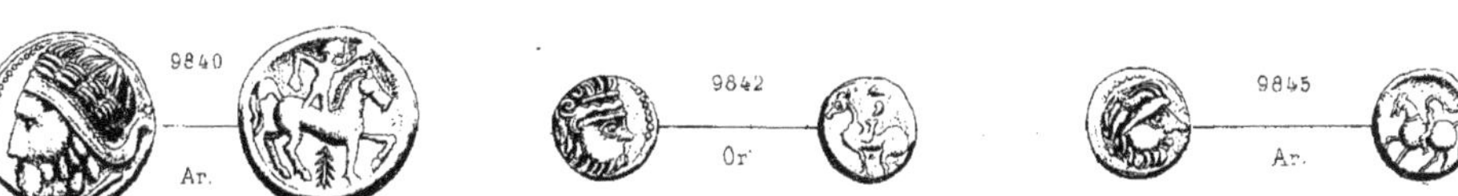

9840 Ar. 9842 Or. 9845 Ar.

...rdel sc. Imp. Dumas Vorret

IMITATIONS DE MONNAIES MACÉDONIENNES

...rdel sc.

Imp. Dumas Vorzet

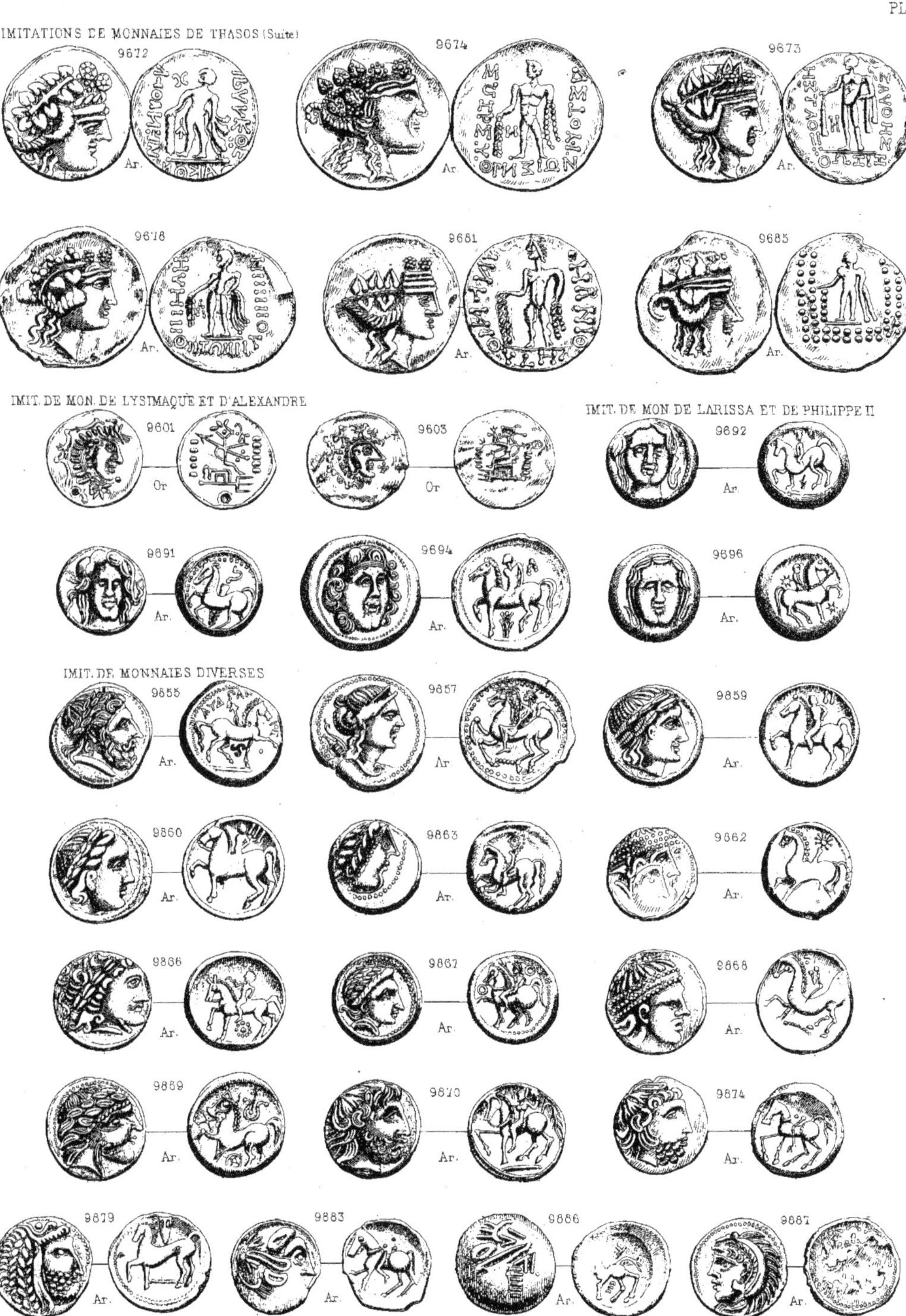

L. Dardel sc.

Imp. Dumas Vorzet

IMITATIONS DE MONNAIES DIVERSES (Suite)

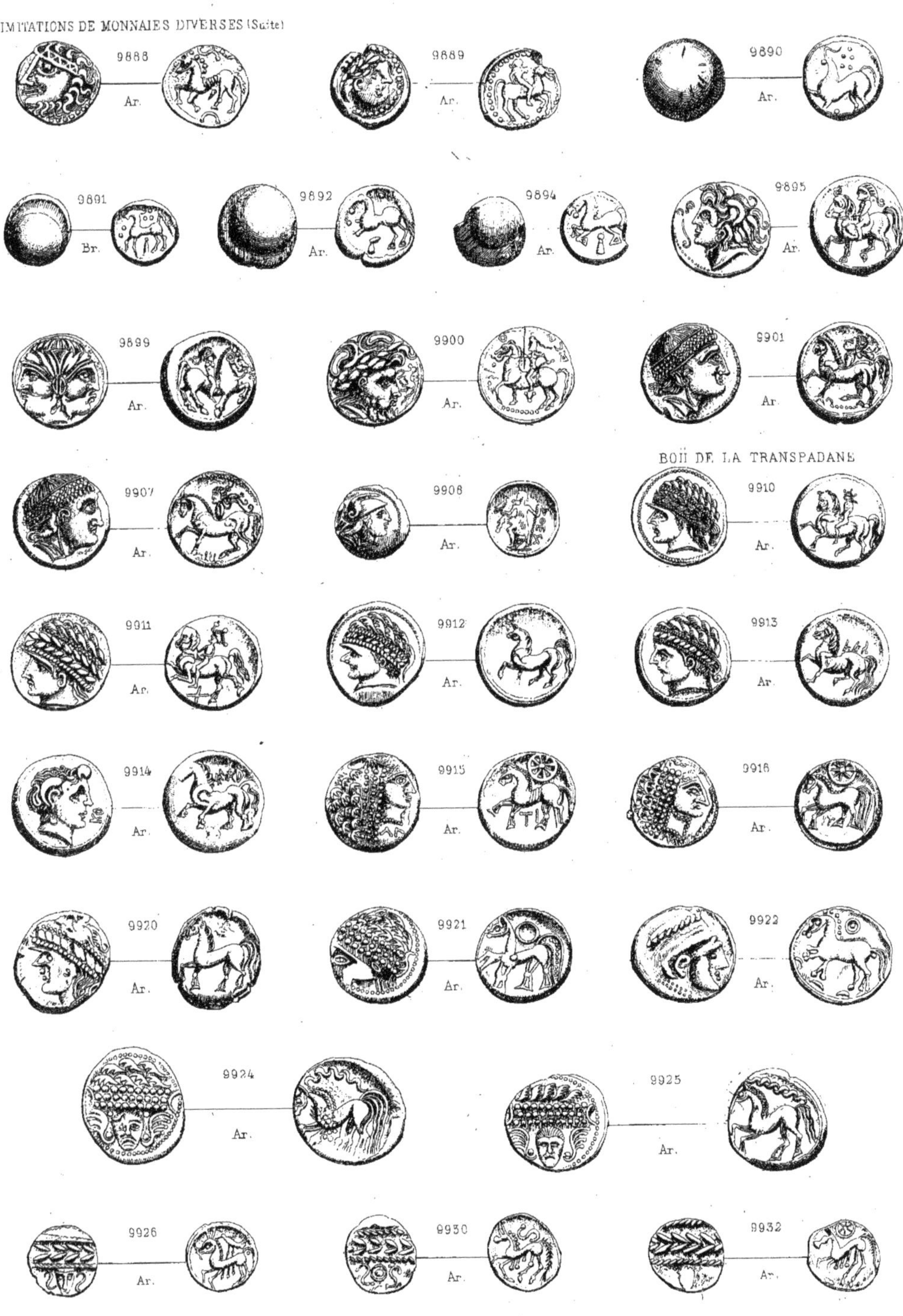

L. Dardel sc.

Imp. Ducas Vorzet

BOII DE LA TRANSPADANE (Suite)

L. Dardel sc.

Imp. Dumas Vorzet

BOÏI DE LA TRANSPADANE (Suite)

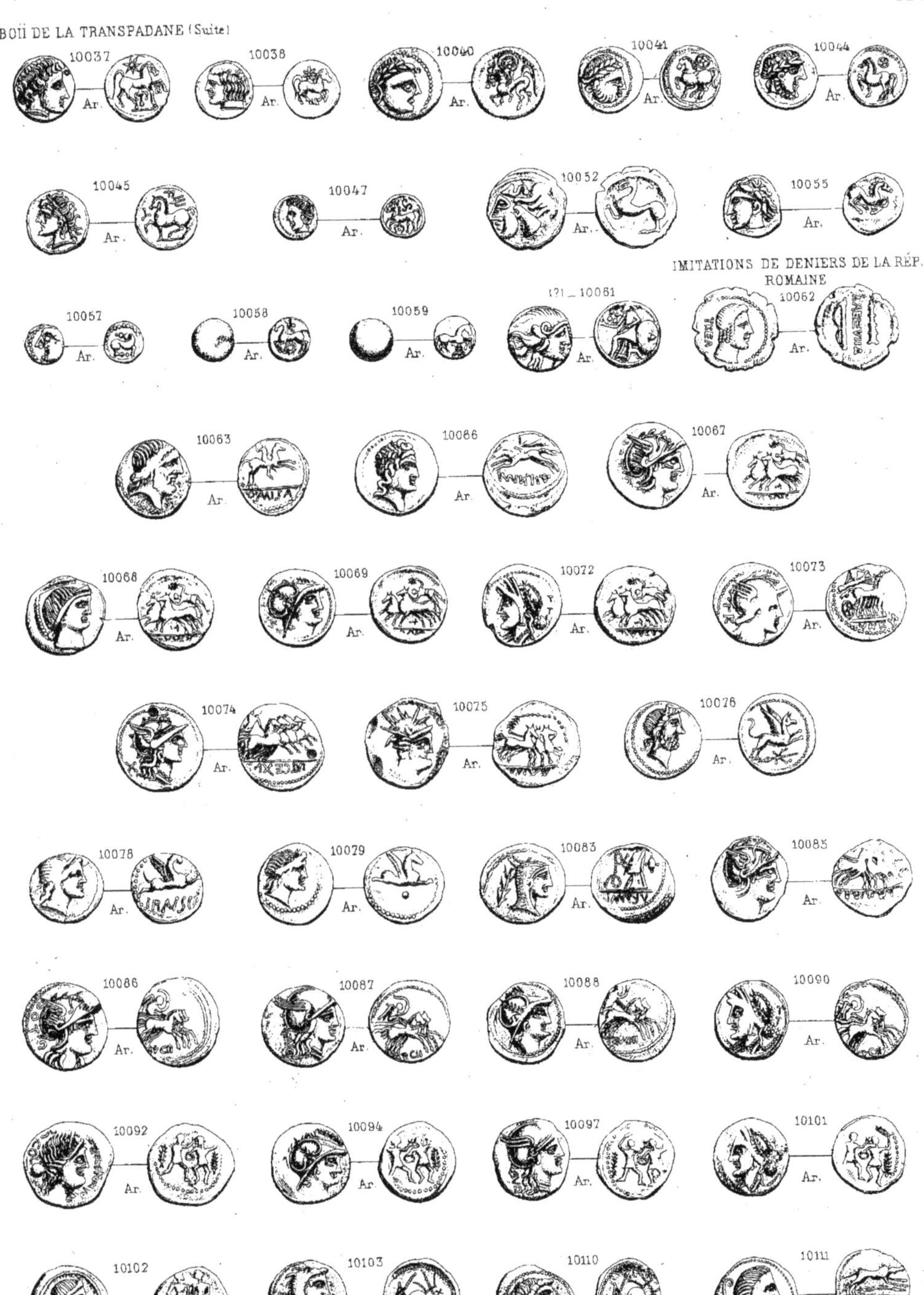

L. Dardel sc.

Imp. Dumas Vorzet

IMITATIONS DE DENIERS DE LA REPUBLIQUE ROMAINE (Suite)

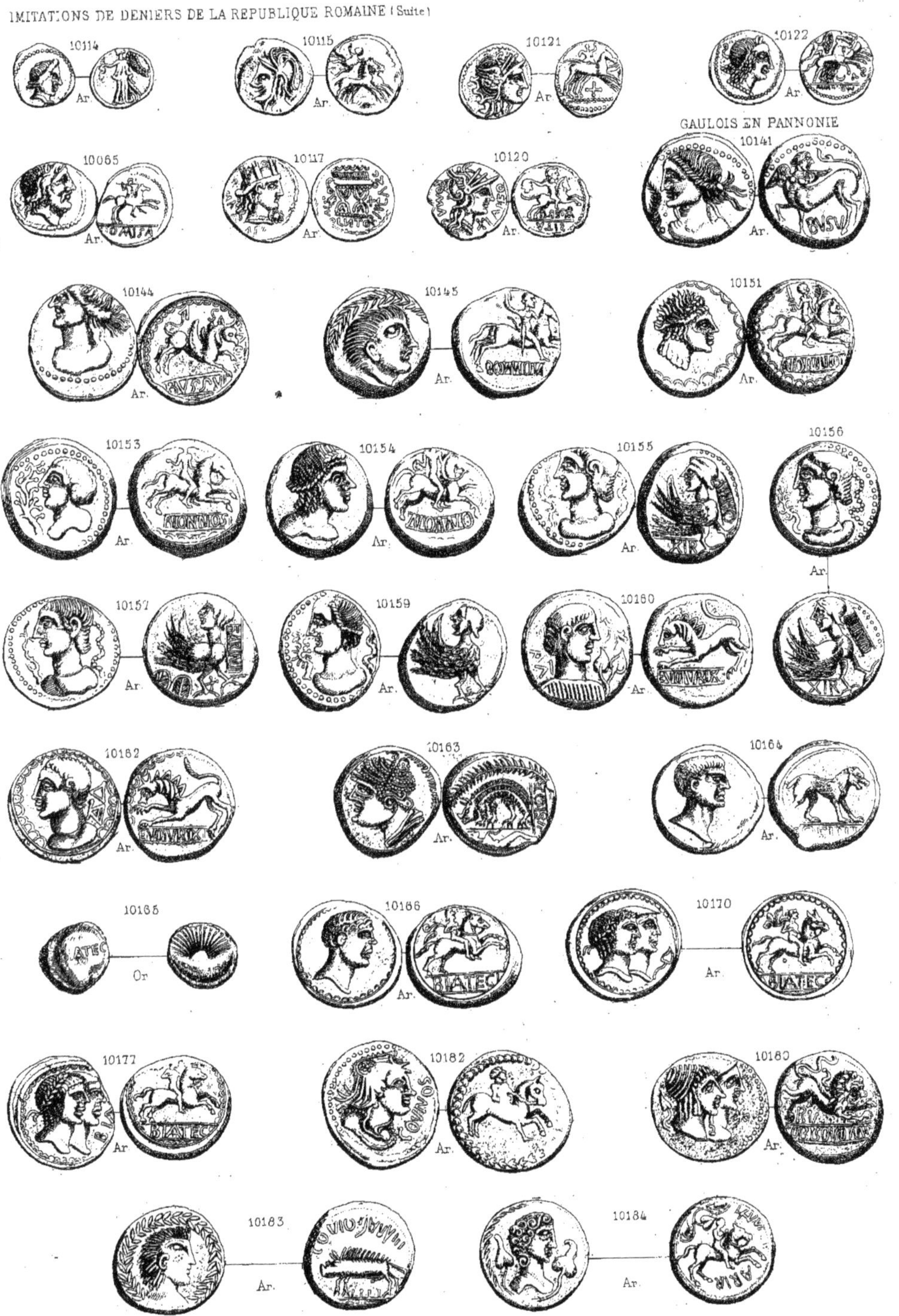

Dardel sc. | Imp. Dumas Vorzet

www.ingramcontent.com/pod-product-compliance
Ingram Content Group UK Ltd.
Pitfield, Milton Keynes, MK11 3LW, UK
UKHW021102200726
13857UKWH00003B/1061

9 782012 878785